佛教十三经

无量寿经

赖永海 主编

陈 林 译注

中华书局

总　序

　　佛教有三藏十二部经、八万四千法门,典籍浩瀚,博大精深,即便是专业研究者,用其一生的精力,恐也难阅尽所有经典。加之,佛典有经律论、大小乘之分,每部佛经又有节译、别译等多种版本,因此,大藏经中所收录的典籍,也不是每一部佛典、每一种译本都非读不可。因此之故,古人有"阅藏知津"一说,意谓阅读佛典,如同过河、走路,要先知道津梁渡口或方向路标,才能顺利抵达彼岸或避免走弯路;否则只好望河兴叹或事倍功半。《佛教十三经》编译的初衷类此。面对浩如烟海的佛教典籍,究竟哪些经典应该先读,哪些论著可后读?哪部佛典是必读,哪种译本可选读?哪些经论最能体现佛教的基本精神,哪些撰述是随机方便说?凡此等等,均不同程度影响着人们读经的效率与效果。为此,我们精心选择了对中国佛教影响最大、最能体现中国佛教基本精神的十三部佛经,认为举凡欲学佛或研究佛教者,均可从"十三经"入手,之后再循序渐进,对整个中国佛教作进一步深入的了解与研究。

　　"佛教十三经"的说法,由来有自。杨仁山、梅吉庆以及中国佛学院都曾选有"佛教十三经",所选经典大同小异。上述三家都选录的经典有:《金刚经》、《维摩诘经》、《法华经》、《楞伽经》、《楞严经》;被两家选录的经典有:《心经》、《胜鬘经》、《观经》、《无量寿经》、《圆觉经》、《金光明经》、《梵网经》、《坛经》。此外,《四十二章经》、《佛遗教经》、《解深密经》、《八大人觉经》、《大乘密严经》、《地藏菩萨本愿经》、《菩萨十住行道品经》、《大毗卢遮那成佛神变加持经》为一家所选录。本着以上所说的"对中国佛教影响最大、最能体现中国佛教基本精神"的原则,这次我们选择了以下十三部经典:《心经》、《金刚经》、《无量寿经》、《圆觉经》、《梵网经》、《坛经》、《楞严经》、《解深密经》、《维摩诘经》、《楞伽经》、《金光明经》、《法华经》、《四十二章经》。

佛教发展至今已有两千多年的历史,就其历史发展、思想内容说,有大乘、小乘之分。《佛教十三经》所收录之经典,除了《四十二章经》外,多为大乘经典。此中之缘由,盖因佛法之东渐,虽是大小二乘兼传,但是,小乘佛教在传入中国之后,始终成不了气候,且自魏晋以降,更是日趋式微;直到十三世纪以后,才有南传上座部佛教在云南一带的流传,且范围十分有限。与此相反,大乘佛教自传入中土后,先依傍魏晋玄学,后融汇儒家的人性、心性学说而蔚为大宗,成为与儒道二教鼎足而三、对中国社会各个方面产生着巨大影响的一股重要的社会思潮。既然中国佛教的主体在大乘,《佛教十三经》所收录的佛经自然以大乘经典为主。

对于大乘佛教,通常人们又因其思想内容的差异把它分为空、有二宗。空宗的代表性经典是"般若经"。中国所见之般若类经典，以玄奘所译之《大般若经》为最，有六百卷之多。此外还有各类小本"般若经"的编译与流传，其中以《金刚经》与《心经》最具代表性与影响力。

"般若经"的核心思想是"空"。但佛教所说的"空"，非一无所有之"空"，而是以"缘起"说"空"，亦即认为，世间的万事万物，都是条件（"缘"即"条件"）的产物，都会随着条件的变化而变化。条件具备了，它就产生了（"缘起"）；条件不复存在了，它就消亡了（"缘灭"）。世间的一切事物，都不是一成不变的，而是一个念念不住的过程，因此都是没有自性的，无自性故"空"。《金刚经》和《心经》作为般若经的浓缩本，"缘起性空"同样是其核心思想，但二者又进一步从"对外扫相"和"对内破执"两个角度去讲"空"。《金刚经》的"对外扫相"思想集中体现在"一切有为法，如梦幻泡影，如露亦如电，应作如是观"这个偈句上，对内破执则有"应无所住而生其心"这一点睛之笔。《心经》则是以"色不异空，空不异色；色即是空，空即是色；受想行识亦复如是"来对外破五蕴身，以"心无罣碍"来破心执。两部经典都从扫外相、破心著的角度去说"空"。

有宗在否定外境外法的客观性方面与空宗没有分歧，差别仅在于，有宗虽然主张"外境非有"，但又认为"内识非无"，倡"三界唯心"、"万法唯识"，认为一切外境、外法都是"内识"的变现。在印度佛教中，有宗一直比较盛行，但在中国佛教史上，唯有玄奘、窥基创立的"法相唯识宗"全力弘扬"有宗"的思想，并把《解深密经》等"六经十一论"作为立宗的根据，《佛教十三经》选录了对"唯识宗"影响较大的《解深密经》进行注译。

《解深密经》的核心思想在论证一切外境外法与识的关系，认为一切诸法乃识之变现，阿赖耶识是生死轮回的主体，是万物生起的种子。经中还提出了著名的"三性"、"三无性"问题，并深入地论述了一切虚妄分别相与真如实性的关系。

与印度佛教不尽相同，中国佛教的主流或主体不在纯粹的"空宗"或"有宗"，而在大乘佛教基本精神与中国传统文化（特别是儒家心性学说）汇集交融而成的"真常唯心"思想，这种"真常唯心"思想也可称之为"妙有"的思想。首先创立并弘扬这种"妙有"思想的是智者大师创建的天台宗。

天台宗把《法华经》作为立宗的经典依据，故又称"法华宗"。《法华经》的核心思想，是"开权显实，会三归一"，倡声闻乘、缘觉乘、菩萨乘同归一佛乘，主张一切众生悉有佛性。《法华经》是南北朝之后，中国佛教走向以大乘佛教为主流的重要经典依据，也是中国佛教佛性理论确立以一切众生悉有佛性、都能成佛为主流的重要经典依据。而《法华经》的"诸法实相"也成为中国佛教"妙有"思想的重要思想资源和理论依据。

中国佛教注重"妙有"之思想特色的真正确立，当在禅宗。慧能南宗把天台宗肇端的"唯心"倾向推到极致，作为标志，则是《坛经》的问世。《坛经》是中国僧人撰写的著述中唯一被冠以"经"的一部佛教典籍，其核心思想是"即心即佛"、"顿悟成佛"。《坛经》在把佛性归诸心性、把人变成佛的同时，倡导"即世间求解脱"，主张把入世与出世统一起来，而这种思想的经典根据，则是《维摩诘经》。

《维摩诘经》可以说是对中国佛教影响最大的一部佛经，

不论是作为中国佛教代表的禅宗，还是成为现、当代佛教主流的人间佛教，《维摩诘经》中的"心净则佛土净"及"亦入世亦出世"、"在入世中出世"的思想，都是其最为重要的思想资源和经典依据。尤其值得一提的是，贯穿于整部《维摩诘经》的一根主线——"不二法门"，更是整个中国佛教的方法论依据。

《楞伽经》也是一部对禅宗、唯识乃至整个中国佛教有着重大影响的佛经。《楞伽经》思想有两个重要特点，一是融汇了空、有二宗，既注重"二无我"，又讲"八识"、"三自性"；二是把"如来藏"和"阿赖耶识"巧妙地统合起来。因此之故，《楞伽经》既是"法相唯识宗"借以立宗的"六经"之一，又被菩提达摩作为"印心"的依据，并形成一代楞伽师和在禅宗发展史颇具影响的"楞伽禅"。

《楞严经》则是一部对中国佛教之禅、净、律、密、教都有着广泛而深刻影响的大乘经典。该经虽有真、伪之争，但内容十分宏富，思想体系严密，几乎把大乘佛教所有重要理论都囊括其中，故自问世后，就广泛流行。该经以理、行、果为框架，谓一切众生都有"菩提妙明元心"，但因不明自心清净，故流转生死，如能修禅证道，即可成就无上正等正觉。这一思想对中国佛教的各宗各派都产生了极其深刻的影响。

《圆觉经》是一部非常能够体现中国佛教注重"妙有"思想特色的佛经。该经主张一切众生都具足圆觉妙心，本当成佛，无奈为妄念、情欲等所覆盖，才于六道中生死轮回；如能顿悟自心本来清净，此心即佛，无须向外四处寻求。该经所明为大乘圆顿之理，故对华严宗、天台宗、禅宗都有十分重要的影响。

《金光明经》对中国佛教的影响，主要体现在其"三身"、"十地"思想、大乘菩萨行之舍己利他、慈悲济世思想、金光明忏法及忏悔思想、以及天王护国思想。由于经中所说的诵持本经能够带来不可思议的护国利民功德，故长期以来被视为护国之经，在所有大乘佛教流行的地区都受到了广泛重视。

　　《无量寿经》是根据"十方净土"的思想建立起来的净土类经典，也是净土宗所依据的"三经"之一。经中主要叙述过去世法藏菩萨历劫修行成无量寿佛的经过，及西方极乐世界的种种殊胜。净土信仰自宋之后就成为与禅并驾齐驱的两大佛教思潮之一，到近现代更出现"家家阿弥陀，户户观世音"景象，故《无量寿经》在中国佛教史上的影响至为广泛和深远。

　　《梵网经》在佛教"三藏"中属"律藏"，是大乘戒律之一，在中国佛教大乘戒律中，《梵网经》的影响最大。经中主要讲述修菩萨的阶位（发趣十心、长养十心、金刚十心和体性十地）和菩萨戒律（十重戒和四十八轻戒），是修习大乘菩萨行所依持的主要戒律。另外，经中把"孝"与"戒"相融通、"孝名为戒"的思想颇富中国特色。

　　所以把《四十二章经》也收入《佛教十三经》，主要因为该经是我国最早译出的佛教经典，而且是一部含有较多早期佛教思想的佛经。经中主要阐明人生无常等佛教基本教义和讲述修习佛道应远离诸欲、弃恶修善及注重心证等重要义理，且文字平易简明，可视为修习佛教之入门书。

　　近几十年来，中国佛教作为中国传统文化的重要组成部分，以其特殊的文化、社会价值逐渐为人们所认识，研究佛教者也日渐增多。而要了解和研究佛教，首先得研读佛典。然而，佛教名相繁复，义理艰深，文字又晦涩难懂，即便有相当文史基础和哲学素养者，读来也颇感费力。为了便于佛学爱好者、研究者的阅读和把握经中之思想义理，我们对所选录的十三部佛典进行了如下的诠释、注译工作：一是在每部佛经之首均置一"前言"，简要介绍该经之版本源流、内容结构、核心思想及其历史价值；二是在每一品目之前，都撰写了一个"题解"，对该品目之内容大要和主题思想进行简明扼要的提炼和揭示；三是采取义译与意译相结合的原则，对所选译的经文进行现代汉语的译述。这样做的目的，是希望它对原典的阅读和义理的把握能有所助益。当然，这种做法按佛门的说法，多少带有"方便设施"的性质，但愿它能成为"渡海之舟筏"，而不至于沦为"忘月之手指"。

赖永海

庚寅年春于南京大学

前　言

　　如所周知,净土思想产生于古代印度,甚至可溯源于古老的婆罗门教盛行时代(毗湿奴所在的天界可视为净土思想的萌芽),部派佛教大众系经典中大量的佛陀"本生"故事则是佛教净土思想的更直接的源头。当然,净土思想真正的流行乃是伴随着大乘佛教的兴起而开始的。大乘佛教将佛陀进一步被神化,并主张有无量诸佛,诸佛在其国土教化众生,众生若能发菩提心,广修菩萨道,即可成佛。大乘菩萨为度众生出离生死苦海,本着"自利利他"的精神,立下成就众生、建设特定净土的种种别愿,如《阿閦佛国经》中的阿閦佛二十愿,《弥勒菩萨所问本愿经》中的弥勒十善愿,《药师如来本愿功德经》中的药师佛十二愿,《药师琉璃光七佛本愿功德经》中的七佛药师四十四愿,《大方广佛华严经入不思议解脱境界普贤行愿品》中的普贤菩萨十愿,《悲华经》中的释迦牟尼佛五百愿和无诤念王、观世音、大势至、文殊等菩萨之愿,《文殊师利佛土严净经》中的文殊严净佛土之愿以及《无量寿经》中的阿弥陀佛四十八大愿等等,而这些本愿的实现即意味着佛国净土的建成,一佛一净土,因此便有了大乘佛教中无量无尽的佛、菩萨净土的种种说法。如《弥勒上生经》中的兜率天净土、《妙法莲华经》中的灵山净土、《华严经》中的莲华藏世界、《药师琉璃光如来本愿功德经》中的琉璃净土、《大宝积经》中的阿閦佛东方妙喜净土、《密严经》中的密严净土以及《无量寿经》中阿弥陀佛净土等等。

　　然而，凡此种种净土思想尽管在其故土印度生根发芽，但并没有产生太大影响，真正产生巨大影响并最终开花结果的是在中国。据史料记载，早在东汉时期，即有阿弥陀佛净土类经典传入中国。南北朝时期，弥勒净土与弥陀净土信仰盛行于世。进入隋唐之后，作为十方佛净土中最为殊胜者姿态出现的阿弥陀佛净土——西方极乐世界最终脱颖而出，并进而开出汉传佛教中渗透力最强、影响最广泛的一个宗派——净土宗。而在南宋以后，随着天台、华严等汉传佛教宗派的日渐衰落，更出现了诸宗导归净土的局面。"家家阿弥陀，户户观世音"，无疑正是弥陀净土信仰在中国民间社会产生极大影响之盛况的绝佳概括。佛教史家方立天甚至认为，阿弥陀佛乃是中国佛教信徒最为普遍的崇拜对象，弥陀净土信仰"成为包括后来禅宗在内的中国佛教重要宗派的共同的终极信仰"。

　　据统计，现存大乘经论中，与阿弥陀佛及其西方极乐净土相关的即有两百多部，约占整个大乘经论的三分之一。而其中最具代表性也最有影响的经论是所谓的净土"三经一论"，其中，"三经"分别为（1）《无量寿经》：以曹魏康僧铠所译的二卷本（简称《大经》、《双卷经》）为代表；（2）《观无量寿经》：以南朝宋畺良耶舍所译一卷本为代表；（3）《阿弥陀经》：以后秦鸠摩罗什所译一卷本为代表。"一论"指世亲菩萨造《无量寿经优婆提舍愿生偈》(即《往生论》《净土论》)一卷,为元魏时期菩提流支所译。当然,"净土三经"的说法应该说最初始于日本净土宗,日本净土宗开祖法然上人将上述三经定为该宗的根本经典,并在日后成为日本净土教各宗派共同尊奉的正依经典。据学者研究,中国佛教将《无量寿经》《观无量寿经》和《阿弥陀经》并称为"净土三经",可能晚至明末清初。近代中国净土宗广为流传的还有"净土四经"或"净土五经"的说法。"净土四经"是指三经之外再加上《华严经·普贤行愿品》,"净土五经"则是四经之外再增加《楞严经·大势至菩萨念佛圆通章》。但无论是哪一种说法,本书所要释译的《无量寿经》都是净土宗诸经论中分量最重、最值得关注的一部经典。如近代净土宗大师印光在论及"净土五经"次第时即明确指出:"若论法门缘起,宜以《无量寿经》为首。"

一般认为,《无量寿经》在1—2世纪印度贵霜王朝时期即已流行于印度犍陀罗地区。在汉传佛教净土宗的基本经典中——无论是"净土三经"还是"净土四经"、"净土五经",《无量寿经》都可谓篇幅最长、内容最全面的一经,净土宗的基本教义、教理以及大部分修行方法均可在此经中找到理论依据。因此,自佛法东传以来,《无量寿经》译本众多,注家不断,不仅中国,而且在韩国、日本等地也有多种注疏本流行。

对于本经的地位,清代居士彭绍升曾有评价云:"《无量寿经》者,如来称性之圆教,众生本具之化仪。"日本僧人道隐亦称此经为:"如来兴世之正说,奇特最胜之妙典;一乘究竟之极说,

速疾圆融之金言;十方称赞之诚言,时机纯熟之真教也。"民国
著名居士梅光羲更盛赞此经为"如来称性之极谈,众生本具之
化仪;一乘之了义,万善之总门;净土群经百数十部之纲要,一
大藏教之指归也"。衡诸本经在中国佛教发展史上的影响,上
述评论未免溢美之辞有过实情,但也确实在一定程度上反映了
《无量寿经》在净土宗诸重要经典乃至整个汉传经藏中不容忽
视的重要性。也正因此,近世以来有不少教内人士将此经视为
净宗"总纲",盛誉之为"净宗第一经"。

　　由于《无量寿经》汉文译本众多,有"五存七欠"共计十二
种之说,宋代以来又有多种会集本、节校本问世,在用语、详略乃
至内容方面多有不同之处,且各译本之间的同异以及译者等问
题在教界、学界亦多有异说,因此有必要首先对本经译本基本
情形以及本书释译所取版本等问题作一简要说明。

一 《无量寿经》的译本

　　据《历代三宝记》《开元释教录》等经录记载,自汉及宋,
《无量寿经》汉文译本前后有十二种之多,一部经典有如此之多
的异译本,这种情形在整个中国佛教译经史上也殊为少见。具
体而言,现存在藏的异译本有五种,分别是:

　　1.《无量清净平等觉经》二卷(现为四卷),东汉月支僧人支
娄迦谶译,收于《大正藏》第12册;

　　2.《佛说无量寿经》二卷,现行本据《开元释教录》所载为
天竺三藏康僧铠于曹魏嘉平四年(252)所译,收于《大正藏》第
12册;

3.《阿弥陀三耶三佛萨楼佛檀过度人道经》二卷,吴月氏优婆塞支谦译,收于《大正藏》第12册;

4.《无量寿如来会》(即《大宝积经》第五会)二卷,唐天竺三藏菩提流志译,收于《大正藏》第11册;

5.《大乘无量寿庄严经》三卷(或二卷),又作《大乘无量寿庄严王经》,略称《无量寿庄严经》《庄严经》,北宋中印度那烂陀寺僧法贤译,收于《大正藏》第12册。

此外,各经录有记载但目前不存的译本还有:

1.《无量寿经》二卷,东汉安世高译;

2.《无量清净平等觉经》二卷,魏帛延译;

3.《无量寿经》二卷,西晋竺法护译;

4.《无量寿至尊等正觉经》一卷,东晋竺法力译;

5.《新无量寿经》二卷,刘宋佛驮跋陀罗译;

6.《新无量寿经》二卷,刘宋宝云译;

7.《新无量寿经》二卷,宋昙摩蜜多译。

以上即是传统所谓的汉译《无量寿经》的"五存七欠"或"五存七缺"说。不过,后世不少佛教史家对此说法有颇多质疑,特别是现代以来,坪井俊映、望月信亨、境野黄洋、中村元、香川孝雄等日本学者在对照经录、现存在藏各译本、敦煌文书、梵文原本以及藏文译本等进行勘定,推翻了《无量寿经》的汉文异译本有十二种的传统看法,认为许多译本是误将一经分属多位译者,进而被《历代三宝记》等经录误载所致。如坪井俊映认为:"如现存的流志所译《无量寿如来会》,法贤译《无量寿庄严经》,这都是没有异议的。至于其他诸种译本,则异说纷纭莫定,所谓七缺与现存相互比较,大概多半是经录的误说或重记。"境野黄洋也认为:"所谓七缺异译的诸经,并非是原有的翻译,而是开元录在经录制作之时,无批判地纳入诸经,而造成了这样许多的经名译本。"具体而言,现行的曹魏康僧铠译本,在《出三藏记集》和梁《高僧传》中都没有记载,《开元释教录》以前隋、唐诸经录中都将该译本列为法护所译,《历代三宝记》则并载僧铠和法护两种译本。但此经的译语、译例与宋宝云所译的《佛本行经》等却非常接近。宝云译本已见诸《出三藏记集》卷二所载,可见从那时以来一向存在,到隋代才成缺本,今本或即宝云所译,被辗转误题为魏译本。另一现存的异译本《无量清净平等觉经》,依《开元录》题为支娄迦谶所译,而梁《高僧传》和《开元录》以前隋、唐诸经录中却均将它作为魏帛延译。但《出三藏记集》卷二又录有法护译《无量寿经》,一名《无量清净平等觉经》二卷,勘诸法护其他译籍,与此经译语、译例等又相当一致,因此该经或即原为法护译本亦未可知,如香川孝雄即明确认为该译本为法护所译。至于七部缺失的异译本,晋竺法护和宋宝云译本可能即是支娄迦谶和僧铠译本,前已论及,而东汉安世高译本、东晋竺法力译本在《出三藏记集》等古录中未列,仅据历来被视为"伪真淆乱"的《历代三宝记》的载录,误录的可能性颇高。又据《出三藏记集》卷二所载,刘宋佛驮跋陀罗和宝云两人皆于刘宋永初二年(421)扬都道场寺同时同处译出同名《新无量寿经》二卷,显然不合常理,望月信亨认为极有可能"最初二人共译,后来由宝云修正"。

根据中国佛教协会新编《中国佛教》对《无量寿经》版本情况的梳理,本经的藏文译本,由胜友、施戒与智军合译,经题为

《圣无量光庄严经》，现存于藏文大藏经"甘珠尔"部中。而其梵文原本，则于十九世纪中在尼泊尔被发现，英国宗教学家马克斯·缪勒和日本南条文雄于1882年予以刊行，与《阿弥陀经》一起编为《佛说无量寿经梵文和译支那译五译对照》。后来又译为英文，收于1894年出版的《东方圣书》第四十九卷中。此经的日文译本，有南条文雄、荻原云来、椎尾辨匡、河口慧海、寺本婉雅、青木文教、中村元等依据梵、汉、藏文本译出多种。当然，在古代，日本、韩国、越南等国一般均通行汉文译本，尤以曹魏康僧铠译的《无量寿经》在各国流传最广。

据相关学者研究，此经梵本和各种译本在叙述弥陀成佛的因果、净土依正二报、众生往生的行果等主体内容方面基本相同，仅部分细节互有出入，如序分中来会的听众数目以及正宗分、流通分中的某些段落，各本在文字详略、段落次第、偈颂长短等方面稍有出入。其中最为人们关注的是经中法藏菩萨在因地所发本愿的数目方面的差别，其中魏译、唐译皆为四十八愿，汉、吴两译皆为二十四愿，宋译为三十六愿，而藏译则有四十九愿，同时，这些愿文内容也不完全一致，次第亦不尽相同，但总体而言，汉吴二译，内容相近，愿目相同，似出自同一梵本；魏唐二译，同为四十八愿，内容大体相近，或出同一梵本；宋译三十六愿，可能出自另一梵本。因而近世学者据此推测，此经梵本原本就有数种。目前已发现的梵文抄本已有二十多种，其中包括在中国发现的中亚驴唇体文本。

二 《无量寿经》的会校与注疏

尽管《无量寿经》诸汉译本的基本框架与内容大体相同,但经题、本愿数量、次第以及部分内容等方面的差异,致使虔心学者往往难以适从,进而亦使得该经的流通受到较大影响,这就足以使一些虔诚的弥陀净土信仰者对于该经的不同译本进行校正会集,以期获得一个尽善尽美的经典依据。从宋代至今,《无量寿经》的会校本共有四种,分别为:

1.《大阿弥陀经》:南宋庐州龙舒人王日休校辑。王日休在比较《无量寿经》四种译本(缺唐译本)的基础上,认为诸译本或过于繁琐,或失于简略,或经义含混,因此本着取其所优,去其所劣的原则,用三年时间,苦心孤诣,完成《无量寿经》的校辑。王日休的会校本在后世产生了较大影响,被收入清《龙藏》和日本《大正藏》。晚明高僧莲池袾宏称其"简易明显,流通今世,利益甚大",近代净土宗师印光亦认为王本"文义详悉,举世流通"。然而,该会校本亦非尽善,莲池袾宏、彭绍升等人认为其有自撰文句、取舍失当等弊病。

2.《无量寿经》:清居士彭绍升节校。该本只是在魏译的基础上对之作了一些技术性处理,而非诸译的会集本。

3.《摩诃阿弥陀经》:清居士邵阳魏源会集(原名《无量寿经》,后经正定王荫福居士校订,并改今名)。魏源首开以五种存世异译本进行会校之先河,并有见于王日休随意自撰经文之失,提出"无一字不有来历"的会集原则,但自身并没有将此原则贯彻始终,印光法师甚至指斥其"胆大心粗,不足为训"。

4.《佛说大乘无量寿庄严清净平等觉经》:民国居士郓城

夏莲居会集。夏莲居（1884—1965），本名夏继泉，字溥斋，号渠园。中年以后专修净业，改名"莲居"，又号"一翁"。早年曾任清末官员，后参与辛亥革命，被公推为山东省各界联合会会长，宣告山东独立。早年学儒，先程朱而后陆王，中年后，潜心内典，倾心于宗教文化事业。其有见于王、彭、魏三家会校本之疏失，发心重新会集《无量寿经》。1932年，自日本避难回国以后，掩关津门，万缘俱屏，历时三载，在五种古译本基础上，结合此前三家校本，详参互校，反复斟酌，数易其稿，最终完成《佛说大乘无量寿庄严清净平等觉经》。该会校本一经问世，便引起广泛反响。曾风靡一时，甚至出现了夏会本印行几百万册、人人争相诵读的盛况。尽管直至今天，在佛教界对于《无量寿经》诸译本能否会集、夏莲居会集本是否完全契合原经经旨等问题，仍然有不少争议甚至批评。但正如有学者指出的那样，夏会本文简义丰，词畅理圆，"与前三种会校本比较，后后胜于前前"，且在海内外流通最为广泛，有鉴于此，本书释译以该本为底本。

有关《无量寿经》的注疏，如前所述，该经诸异译本中以魏译本最为流行，因此近代以前的注经者，一般都以魏译本为底本。目前中国古代注疏仅存两种，分别为：

1.《无量寿经义疏》二卷，隋净影寺慧远撰，世称净影疏，是《无量寿经》最早的注疏，该疏对本经的三分科为后来的注经家所沿用。

2.《无量寿经义疏》一卷，唐嘉祥寺吉藏撰，世称嘉祥疏，此疏从三论宗的视角诠释净宗。

而目前已经佚失的重要注疏则有：

1. 灵裕的《无量寿经义疏》二卷；

2. 知玄的《无量寿经疏》三卷；

3. 法位的《无量寿经义疏》二卷；

4. 圆测的《无量寿经疏》三卷；

5. 大贤的《古迹记》一卷；

6. 义寂的《无量寿经疏》三卷；

7. 寂证的《无量寿经述义》三卷。

另有新罗国两家的注疏也曾广泛流通，即：

1.《无量寿经宗要》一卷，新罗国黄龙寺沙门元晓撰，世称海东疏。

2.《无量寿经连义述文赞》三卷，新罗国沙门璟兴撰，世称璟兴疏。

净影、吉藏、元晓、璟兴的注疏，历史上影响较大，被称为《无量寿经》四大注疏。而日本净土宗学僧，对《无量寿经》的注疏则至少有二十多种。有代表性的有望西楼了惠所撰《无量寿经钞》七卷，越前胜授寺峻谛所撰《无量寿经会疏》十卷，薏报导坊慧云所撰《无量寿经永安录》十三卷以及道隐所撰《无量寿经甄解》十八卷，等等。

另外还有针对《无量寿经》诸会校本的注疏多种，如针对彭绍升节校本的有彭绍升本人所撰的《无量寿经起信论》，民国丁福保所撰的《无量寿经笺注》；针对魏源会集本的有清王耕心所撰《摩诃阿弥陀经衷论》；而针对夏莲居会集本的注疏则有台中李炳南居士所撰的《佛说大乘无量寿庄严清净平等觉经眉

注》以及北京黄念祖居士所撰的《佛说大乘无量寿庄严清净平
等觉经解》。同时夏会本在当代尚有几种白话译释本,如文军注
译的《白话无量寿经》,曹福今、张玉明译注的《无量寿经》以及
释净空所撰的《大乘无量寿经简注易解》等等。

三 《无量寿经》的主要思想

《无量寿经》主要讲述阿弥陀佛在因地所发四十八大愿和
为实现誓愿所做的功德,以及他本愿圆满、成就佛果后所建立
的西方极乐净土世界的殊胜情形,同时指出了志求往生者所必
需的种种修行法门,另外,该经对于娑婆世界剧恶极苦的真相
亦作了大量描述,以引发众生的厌离之心。简言之,本经主要
包括阿弥陀佛成佛的因果,净土依正二报以及众生往生的行果
几部分。以下根据本经品次分述其主体内容如下:

(一)普贤妙德,本经缘起

第一品至第三品为全经"序分",第一、二品为"通序",主要
介绍了释迦牟尼佛宣说本经的时间、地点、参加法会会众及其
所具的普贤妙德,暗显普贤"十大愿王导归极乐"的根本宗旨。
第三品为"别序",以世尊放现瑞光,当机者阿难启问缘由,引出
本经所出的根本因由,即"如来以无尽大悲,矜哀三界,所以出
兴于世,光阐道教,欲拯群萌,惠以真实之利",显示本经的
殊胜。

(二)因地发愿,圆满成就

本经第四品至第十品,介绍阿弥陀佛于因地发心修道的因
缘,即法藏比丘听闻世间自在王如来说法,发菩提心,捐弃国王

王位,精进修行,日益增上。并在世间自在王如来示现二百一十亿诸佛国土以使其思维、抉择的基础上,法藏比丘称性发起四十八大愿,立誓普度众生,后经无央数劫的积功累德,圆满大愿,成立西方极乐世界,自致成佛,一号"阿弥陀"。

(三)极乐世界,依正庄严

本经第十一品至第三十二品,极力铺陈阿弥陀佛极乐世界的依正庄严。首先看依报:极乐净土自然以七宝合成,面积恢廓广大,不可极限,光明辉耀,微妙奇丽,清净庄严,超越十方一切世界。其中遍布种种宝树,或由一宝所成,或由多种宝物和合而成,无不依类各自成行,错落有致,发出殊胜微妙的光彩,清风送爽,随风奏乐,音调和雅。其堂舍楼观,也都由七宝自然变化而成。泉水池塘,环绕互通;泉池之水,清澈湛净,芬芳四溢;岸边之树,花果恒芳,光明璀璨;池中莲花,色彩斑斓,缤纷耀眼。泉水自然随顺净土众生的心意,可以随心所欲地变化深浅温凉,更能扬波启音,宣说种种妙法,使闻者都能听到自己愿闻的佛法。每到正午时分,就会自然吹起除垢兴善、具足众德的清风。风吹声起,又能发出演说各种觉悟成佛大法的音声,流溢散布种种温和雅正的妙香,德风触体,使人自然安乐和谐,调心适意。极乐世界又有漫天花雨,同样具足不可思议的种种功德。凡此种种,无不意在为十方世界往生者提供一个殊胜的道场,在此净土进德修业,断尽烦惑,圆证菩提。故而,西方净土的往生者,举手抬足,闻声嗅香,视色触影,无一不在修证破无明显般若的无上佛道。其次看正报:阿弥陀佛光明的殊胜,为十方诸佛所不能及,因此有阿弥陀佛十二光佛的种种说法,众生如能触见此光,无不"垢灭善生","命终皆得解脱"。在极乐净土,不仅佛寿无量、会众无量,而且会众寿命亦无量无尽。极乐世界所有菩萨的容貌、形相、气质,乃至于他们的神威功德、阶次品位、神通变化,都是十方世界一切天人远不能相比的。极乐净土中的一切生活日用,都能随其所愿,"应念现前,无不具足"。极乐净土的众生没有对家室的执着与留恋,唯一享有的是由清净之心所生发出的无上快乐,全都安住于正定之聚,注定要证得无上正等正觉。十方无量世界的一切诸佛,对于阿弥陀佛不可思议的无量功德交口称颂,而他方世界诸菩萨众,也都来到极乐世界,礼拜供养阿弥陀佛。西方极乐世界的菩萨,仰承阿弥陀佛神威之力的加持,能够用极短时间,往复于十方无边无量的佛国净土,供养诸佛。供佛所需的花、香、幢、幡等供品,能够随其心意,立时而至。他们的神通光明,可以达到"洞视、彻听八方、上下、去来、现在之事"的神通。而在诸圣众之中,观世音菩萨和大势至菩萨最尊第一,他们的威神光明,普照三千大千世界;他们利乐众生的功德,亦远在其他菩萨之上。弥陀净土的大菩萨无不愿力宏深,决定成就一生补处,也即能够一生而成佛。

(四)三辈往生,总示纲宗

本经第二十四品、第二十五品涉及到了本经根本宗旨所在,故需特别论及。第二十四品指出,往生极乐世界的众生,根据其信愿的深浅、发心的大小、持诵的多寡以及修习的勤惰等等分殊,分为各种不同的品类,即上辈往生者、中辈往生者和下辈往生者。值得注意的是,本品尽管将往生弥陀净土者分为三类,但有一个基本原则是唯一不变的,即若论其所以能够往生净土的关键原因,则莫不在于能"发菩提心,一向专念阿弥陀佛",而这也正是本经的纲领主旨所在。也就是说,如若往生,则信、愿、持名这三个条件,缺一不可。"三辈往生",为阿弥陀佛四十八大誓愿中第十八"十念必生愿"的成就,亦是所有誓愿中的核心及其最终落实。第二十五品则进一步详细阐述三辈往生的具体因行。即上辈往生者的正因在于:(一)受持本经,(二)求生净土,(三)发菩提心,(四)严守经戒,(五)饶益有情,(六)忆佛念佛。中辈往生者的正因在于:(一)修行十善,(二)昼夜念佛,(三)志心归依,(四)顶礼供养。下辈往生者的正因在于:(一)修行世俗善业,(二)忙里偷闲,一心清净,念佛往生。显然,这些皆是"发菩提心,一向专念阿弥陀佛"的具体展开。

(五)娑婆浊苦,回头是岸

本经第三十三品至四十二品,与此前极力描摹的极乐世界的依正庄严相对,主要讲述娑婆世界的种种秽恶,众生业障深重,"贪瞋痴"三毒炽盛,故由惑造业,苦报无尽,沉沦三途恶道苦海,痛不可言。众生之"恶"有五,即杀生恶、盗恶、邪淫恶、妄语恶、饮酒恶等"五恶",由此"五恶"导致"五痛"、"五烧"之深痛剧苦。在此基础上,点出遭致痛苦的根本缘由,劝令众生深明因果不爽之理,生发厌离娑婆世界之心,并进一步远离各种恶业,自行正己端身,择善而从,对于净土法门,应当像贫穷的人得到珍宝一样的珍惜,受持思考,精勤奉行,以求生极乐世界。其中第四十品还提出,众生如果对如来果地的圆满智慧持怀疑态度,或者尽管坚定相信佛智圆满,但对自己的善根却不够自信,则虽可因其持续念佛不辍,以念佛的功德,结成往生极乐世界的善愿之力,最终得以往生西方极乐世界,但由于其心念犹疑不坚,以疑惑心修诸功德,最终只能往生于极乐净土的边地疑城中,五百年中不能见佛,不得听佛说法,不得自在。由此劝导人们,应当深信切愿,无论对于圆满佛智还是自身慧根,都莫生疑虑,一心求生净土。

（六）赞叹佛德,劝令流通

第四十三品至四十八品,为本经的"流通分",主要目的就是要付嘱弟子令本经之教能流通远布于后代。首先指出,本经决非小乘,而是大乘第一解脱之道,任何以坚定不退信愿,奉行、演说本经之人,都将普授成佛之记,也即将来一定成佛。为避免佛陀灭度之后,众生重新生出疑惑,释迦牟尼佛以慈悲哀悯之心,特留本经在世流通一百年,由此凸显本经的非同寻常、无与伦比,以及本经所宣示的念佛往生法门的究竟方便和不可思议之殊胜。因此,佛陀反复叮咛、殷勤付嘱与会众生,务必全力守护本经,依教奉行,为人演说本经,广利众生,同时要精勤修行,坚定不移地受持此经,不可使它毁坏损失,不可妄自增添削减本经所教法门。对于此一经典,应当时时诵念,无有间断。本经最后一品,极力宣说列举闻听释迦牟尼佛说法之后,与会大众所获得的种种真实利益,以及三千大千世界所现出的种种神奇瑞相。

目 录

法会圣众第一

　　佛经分章序品的一般体例,通常由三部分构成,即所谓"三分"——"序分"、"正宗分"、"流通分"。"序分"相当于一部佛经的引言,主述该经之由来、因缘;"正宗分"为全经主体部分,主述全经宗旨;"流通分"则为全经总结,主述受持本经的利益,并由此劝众广为流传,使之流通久远。"序分"又可分为"通序"和"别序"两类,"通序"又称"证信序",为一切佛经所共通,有固定的格式;而"别序"则作为"通序"转入"正宗分"的过渡,点明该经所出的特殊因缘,又称"发起序"。

　　这一品经文,属于全经"序分"中的"通序"部分,如大多佛经一样,也采用了"如是我闻。一时,佛在某处,与某大众俱"的固定格式,本经为"如是我闻。一时佛在王舍城耆阇崛山中,与大比丘众万二千人俱",其中,用以论证佛经确凿无疑的六个要素("六成就")无一遗漏,即"如是"为"信成就",指佛经内容皆为佛所亲言,如实不虚,此为阿难之信;"我闻"为"闻成就",指阿难亲耳所闻,绝非辗转传闻;"一时"为"时成就",指佛说该经的时间;"佛"为"主成就",指说法者确定为佛;"在王舍城耆阇崛山中"为"处成就",指说法的处所;"与大比丘众万二千人俱"为"众成就",指听法的大众。"一切大圣。神通已达"以下则是进一步说明当时亲自参加释迦牟尼佛讲经说法大会的听众殊胜。

法会圣众第一：夏莲居会集各译本所加品名，以下各品皆同，不再出注。

　　如是我闻①。一时佛在王舍城耆阇崛山中②，与大比丘众万二千人俱③，一切大圣④。神通已达⑤。其名曰：尊者憍陈如、尊者舍利弗、尊者大目犍连、尊者迦叶、尊者阿难等⑥，而为上首；又有普贤菩萨、文殊师利菩萨、弥勒菩萨⑦，及贤劫中一切菩萨⑧，皆来集会。

注释：

①如是我闻：佛经开卷语。佛经基本皆以"如是我闻"开篇，大意为"以下都是我所亲闻的释迦牟尼佛亲言的开示"，又作"我闻如是"或"闻如是"，意与前同。"如是"，指经中所叙述的佛之言说、行止，泛指经中所有内容；"我闻"，则是指经藏编集者阿难自言听闻于佛之言行。又"如是"意为信顺自己所闻之法，"我闻"则为能持所信之人，此即佛经证信序"六成就"中的"信成就"和"闻成就"。佛经之所以都以"如是我闻"开篇，据说是在佛陀寂灭之前，回答了其弟子阿难四个问题，其中之一就是"一切经首，当置何字？"目的就是要后世众生对经典免生疑惑，佛陀的回答即是在结集经藏时，经的前面都以"如是我闻"开篇。其中"如是"表明佛经内容确实为佛陀亲口宣说，没有篡改增删，以令众人放心信仰，故为"信成就"；而"我闻"则是指在阿难于佛涅槃后结集经文为大众登座重宣时，大众当时有三种疑惑：一种是错认为佛又复活了，另一种误认为阿难成佛

了，再一种是误以为他方世界的佛来到此土。"我闻"则正是针对上述疑惑，指出佛经内容只是我阿难从佛陀那里亲耳听闻的，以消除大众疑惑，故为"闻成就"。

②一时：佛经开篇习用语。直译为"那时"，意指佛陀为大众讲经说法之时。"一时"为佛经"六成就"中的"时成就"，故佛经开篇在"如是我闻"之后，一般都紧接着要说"一时"。王舍城：古印度佛教胜地，释迦牟尼传教中心之一。音译为"罗阅揭梨醯"、"罗阅祇"、"罗阅"、"曷罗阇利城"等。古印度摩揭陀国都城。释迦牟尼生前经常在此进行传教活动和居住。释迦牟尼寂灭后，弟子们曾在此举行佛教经藏的第一次结集。耆（qí）阇（shé）崛山：意译为"灵鹫山"，或称"鹫岭"、"鹫台"。"耆阇"为鹫之一种，羽翼稍黑，头部呈灰白色，毛稀少。据《玄应音义》卷七所述，此鸟有灵，知人死活，人欲死时，则群翔彼家，待其送林，飞下而食，故号"灵鹫"。此山为王舍城五山中最高大者，园林清净，圣人多居此处。佛亦常住于此，诸大乘经典亦多在此山中说。然四阿含及南方所传诸经典中，均未载此山，而多以给孤独园、迦兰陀竹园等为说法处。

③大比丘：年长德高的比丘，亦有解释为发大乘心，正菩萨道的比丘。所谓"比丘"，指年满二十岁，受过具足戒的男性出家人，女性出家人称为"比丘尼"。已受十戒，未受具足戒，年龄在七岁以上、未满二十岁之出家男子则称"沙弥"，女子称"沙弥尼"。国人常将比丘称为"僧人"或"和尚"，其实这三个词汇原意并不相同。"僧"是梵语的音译，全名为"僧伽"，指佛教僧团，是对出家众（团体）的称呼。"和尚"则是由梵语辗转讹译而来，

原意指有德望的出家人，或对自己的师父的尊称，故又译为"亲教师"。与"比丘"一词，含义并不相同。

④大圣：即前所谓"大比丘众"。

⑤神通：由修禅定与智慧而获得的超自然、无碍自在、神变不可思议之妙用。又称"神通力"、"神力"、"通力"、"通"。一般认为"神通"有神足通、天眼通、天耳通、他心通、宿命通、漏尽通六种：（1）神足通：又称"神境智证通"、"身如意通"、"神境通"、"如意通"、"身通"。即身体具有飞天入地，出入三界，变化自在的能力。（2）天眼通：又称"天眼智证通"、"天眼智通"。即洞见世间一切事物种种形色的能力。（3）天耳通：又称"天耳智证通"、"天耳智通"。即听闻世间一切声音的能力。（4）他心通：又称"他心智证通"、"知他心通"。即洞悉他人思想中各种善恶等事的能力。（5）宿命通：又称"宿住随念智证通"、"宿住智通"、"识宿命通"。即知晓自身及六道众生前世宿命及所做之事的能力。（6）漏尽通：又称"漏尽智证通"。即能断一切烦恼惑业，永远脱离生死轮回的能力。六神通的获得，各经所说有一定出入。《俱舍论》中说前五通凡夫亦可达到，只有阿罗汉、菩萨与佛才能得到第六通；《大智度论》中则说菩萨得五通，佛得六通；《成实论）中认为外道（即佛教以外的其他派别）亦可得五通，有所谓"五通仙人"。

⑥尊者：梵语音译为"阿梨耶"，指智、德兼备，为人所尊重者，是对阿罗汉的敬称。又作"圣者"、"贤者"、"具寿"、"慧命"、"净命"、"长老"。下座称上座为尊者，上座称下座为慧命。憍（jiāo）陈如：佛陀最初度化的五比丘之一。又作"阿若多憍陈

那"、"阿若憍邻"、"阿若俱邻"、"憍陈那"、"憍陈如"、"拘邻"、"居伦"等,或单称"陈如"。意译"初知"、"已知"、"了教"、"了本际"、"知本际"等。憍陈如为中印度迦毗罗城的婆罗门种,擅长占相之术,悉达多太子诞生第五日时,曾应召为其占相,并预言太子必将成佛并救度人类。太子出家修苦行时,憍陈如与另外四人受净饭王之托,陪伴太子至尼连禅河边前正觉山从事苦修,后见太子废苦行接受牧羊女的乳糜,乃与其他四人离太子而去。至释尊成道以后,于鹿野苑见释尊之庄严威仪,又闻其说法,乃率先皈依佛。在《增一阿含经》中佛陀称他为"我声闻中第一弟子",并称赞他:"宽仁博识,善能劝化,将养圣众,不失威仪"。舍利弗:佛陀十大弟子之一,有"智慧第一"之称。又作"舍利弗多"、"舍利弗罗"、"舍利弗怛罗"、"奢利富多罗"、"设利弗呾罗"。意译"鹙鹭子"、"鸲鹆子"。梵汉并译,则称"舍利子"、"舍梨子"。其母为摩揭陀国王舍城婆罗门论师摩陀罗之女,以眼似鹙鹭,乃名"舍利";"弗"意为"子"。所以"舍利弗"一词意即"舍利之子"。舍利弗自幼聪明颖悟,八岁就登外道的讲座,对大众说法。他十六岁到各国去游说,说法弘扬,辩论无双。学佛之后,七日之内即遍达佛法,智慧第一。舍利弗一生为僧伽长老崇敬,且屡为佛陀所赞美,后较佛陀早入灭。又据《法华经·譬喻品》所载,舍利弗得佛陀之记别,于未来世当得作佛,号"华光如来"。又现存之《阿毗达磨集异门足论》二十卷、《舍利弗阿毗昙论》三十卷,相传系舍利弗所讲说者。大目犍(jiān)连:佛陀十大弟子之一,又作"摩诃(hē)目犍连"、"目犍连"、"大目干连"、"大目连"、"目连"、"目捷连"、"目伽略"、

"勿伽罗"、"目犍连延"、"目犍罗夜那"、"没特伽罗"、"毛伽利耶夜那"。意译为"天抱"。被誉为"神通第一"。为古代印度摩揭陀国王舍城外拘律陀村人,婆罗门种。生而容貌端正,自幼即与舍利弗交情甚笃,同为删阇耶外道之弟子,各领徒众二百五十人。曾与舍利弗互约,先得悟解脱者必以相告,遂共竞精进修行。后舍利弗因逢佛陀弟子阿说示(又名马胜),而悟诸法无我之理,并告目犍连,目犍连遂率弟子一同拜谒佛陀,蒙其教化,时经一月,证得阿罗汉果。另据《盂兰盆经》载,目犍连曾为救母出离饿鬼道,而于七月十五僧自恣之日供养十方大德僧众,遂为后世盂兰盆会之由来。迦叶(shè):全名"大迦叶"、"摩诃迦叶",又作"迦叶波"、"迦摄波",意为饮光。为佛陀十大弟子之一。生于王舍城近郊之婆罗门家。于佛成道后第三年为佛弟子,八日后即证入阿罗汉境地,为佛陀弟子中最无执着之念者。人格清廉,深受佛陀信赖。佛陀入灭后,成为教团之统率者,于王舍城召集第一次经典结集。后入鸡足山入定,以待弥勒出世,方行涅槃。禅宗以其为佛弟子中修无执着行之第一人,特尊为"头陀第一";又以"拈花微笑"的故事,被视为传佛心印的初祖,因此也被视为禅宗初祖。阿难:佛陀十大弟子之一,具称"阿难陀"。意译作"庆喜"、"欢喜"或"无染"。中印度迦毗罗卫国人,出于刹帝利族,为佛陀的堂弟。阿难出家随侍世尊二十五年,佛所说的他都能够记得住,一个字不忘。所以《涅槃经》称阿难是"多闻士",迦叶也称赞说:"佛法大海水,流入阿难心。"所以阿难被称为"多闻第一"。佛教经藏第一次结集时,由他负责诵出经藏,此后佛经为了取信于众,皆自称为阿难诵出。

⑦普贤：中国佛教四大菩萨之一，亦译"遍吉"，音译"三曼多跋陀罗"。代表德行，法号为"大行普贤"。汉传佛教相传四川峨嵋山为其显灵说法的道场，为释迦牟尼佛的右胁侍。以"理、定、行"三德著称，与"智、慧、证"三德著称的左胁侍文殊并称。其塑像多骑六牙白象。普贤菩萨是大乘佛教之行愿的象征。他曾经在过去无量劫中，行菩萨行、求一切智，修集了菩萨救护众生的无边行愿。因此，他也是大乘佛教徒在实践菩萨道时的行为典范。在《华严经》里，普贤菩萨劝人广修十大行愿，此即礼敬诸佛、称赞如来、广修供养、忏悔业障、随喜功德、请转法轮、请佛住世、常随佛学、恒顺众生、普皆回向等十项。普贤菩萨以此十愿为众生成就如来功德的主要法门。菩萨：为"菩提萨埵"的略称，又作"菩提索多"、"冒地萨怛缚"、"扶萨"；意译为"觉有情"、"道众生"、"道心众生"、"开士"。指志求佛果者。即求无上菩提，利益众生，修诸波罗蜜行，当来可成佛的大道心众生。"菩萨"有时亦被尊称为"大士"，音译为"摩诃萨埵"或"摩诃萨"。此外，由于菩萨是佛位的继承者，因此亦被尊称为"法王子"，音译"究摩罗浮多"，意译又作"童真"。文殊师利菩萨：或作"曼殊师利"、"妙吉祥"。是大乘佛教中最以智慧著称的菩萨，与普贤菩萨并为释迦牟尼佛的两大胁侍。由于他在所有菩萨中，是辅佐释尊弘法的上首，因此也被称为"文殊师利法王子"。依大乘经典所载，在所有大菩萨中，文殊菩萨不只是四大菩萨中"大智"的象征，而且，在过去世他曾为七佛之师。其锐利的智慧，被喻为三世诸佛成道之母。因而有"三世觉母妙吉祥"的尊号。而且，依《首楞严三昧经》所载，他在久远的过去

世早已成佛,号称"龙种上如来"。所以,其为释迦牟尼佛二胁侍之一,只不过一种慈悲度化的大权示现而已。据《放钵经》载,文殊菩萨对释迦牟尼佛也曾有教诲之谊。由于文殊菩萨是大乘佛法中智慧的象征,因此佛典里也有很多关于他以智慧开导行者的故事。他曾经以"仗剑迫佛"的权宜示现,来晓谕那些疑悔不安、不能悟入如幻深法的菩萨。也经常用反诘、否定、突兀的语言或行动,来警醒众生。在大乘佛教里,文殊菩萨开出的是重视第一义谛、不拘寻常格式的善巧法门。相传其显灵说法的道场在山西五台山,为释迦牟尼佛的左胁侍,其形象为顶结五髻,手持宝剑,表示智慧锐利,骑狮子,象征智慧威猛。弥勒菩萨:原为释迦牟尼佛座下大弟子之一,由于他即将继释迦牟尼佛之后,在阎浮提世界成佛,所以习俗相沿,也称他为"弥勒佛"。因为弥勒菩萨现居兜率天,尽其一生之后,将到人间继释迦之后成佛,所以又称为"一生补处菩萨"、"补处萨埵"、"弥勒如来"、"后生佛"、"未来佛",意译"慈氏菩萨",佛教经典中,佛陀亦常称之为"阿逸多"。据佛典所载,弥勒菩萨现在兜率天的内院弘法,教化天众。相传兜率天上有五百亿天子,各以天福力,造作宫殿,发愿布施弥勒菩萨,庄严兜率天宫,因而使兜率天成为殊胜的国土。中国寺院中所供奉的笑口常开、袒胸露腹的弥勒像,是根据五代时一位叫契此的僧人形象塑造的,民间认为他是弥勒的化身。

⑧贤劫:"劫"是印度人代表极长时间的用语,源于印度婆罗门教。一劫相当于人世间的四十三亿二千万年,分为四个阶段,即成、住、异、灭四劫。"贤劫"属于"住劫"。依佛典所载,现

在"住劫"有千佛等贤圣出世,救度众生,故称"贤劫"。因此,贤劫即指现在世、现在劫。

译文:

以下都是我所亲闻的释迦牟尼佛亲言的开示。那时,释迦牟尼佛在王舍城外的灵鹫山中说法,参会法众,盛大稀有,有一万二千大比丘共聚一堂。这些大比丘都是回小向大、行菩萨道的大圣人,并且都已修得了神足通、天眼通、天耳通、他心通、宿命通、漏尽通等六种神通。他们包括:作为法会上首的憍陈如长老、舍利弗长老、大目犍连长老、迦叶长老、阿难长老等;还有普贤菩萨、文殊师利菩萨、弥勒菩萨以及现在世的所有菩萨,也都来此共聆佛法。

德遵普贤第二

　　本品为第一品的延续，仍属于全经的"通序"部分，是对第一品"众成就"的补充，不但在数量方面列举了更多名目的圣众，以体现此次释迦牟尼佛法会场面的盛大，而且更重要的是对会众所具妙德的进一步说明。具体而言，就是说与会的诸大菩萨，都以普贤菩萨为德行楷模，共同尊重修持普贤菩萨的德行，即经中所谓"咸共遵修普贤大士之德，具足无量行愿，安住一切功德法中"。而这也是本品命名为"德遵普贤"的原因所在。普贤菩萨诸德行的根本宗旨，就是《华严经》所言的"十大愿王导归极乐"，即以十种广大行愿（"十大愿王"）——一者礼敬诸佛，二者称赞如来，三者广修供养，四者忏悔业障，五者随喜功德，六者请转法轮，七者请佛住世，八者常随佛学，九者恒顺众生，十者普皆回向——为依归，一门深入，长时薰修，最终导归极乐净土。

　　另外需要指出的是，本品以"又贤护等十六正士"开始，而与上一品分开，从经文文义看，似乎显得有些突兀，因为都是在说明此次法会"众成就"的组成。对此，有一种解释可供参考，即夏莲居居士将"十六正士"（十六位在家菩萨)置于本品之首，乃是特意而为，就是告诉读者本经法门不是专为出家人所设，更是以度在家居士为主，从而显示本经"普度众生"的深远之意。

又贤护等十六正士①,所谓善思惟菩萨、慧辩才菩萨、观无住菩萨、神通华菩萨、光英菩萨、宝幢菩萨、智上菩萨、寂根菩萨、信慧菩萨、愿慧菩萨、香象菩萨、宝英菩萨、中住菩萨、制行菩萨、解脱菩萨,而为上首②。

注释:

①贤护:为在家菩萨,八大或十六大菩萨之一。音译作"跋捺罗波罗菩萨"、"跋陀波罗菩萨"、"拔陂菩萨"、"跋陀和菩萨"、"发捺罗播逻菩萨"。又称"贤护长者"、"贤护胜上童真"、"善守菩萨"、"贤守菩萨"。在《摩诃般若波罗蜜经》与《无量寿经》之听闻众中,皆置贤护菩萨于首位。据《大宝积经》卷一〇九载,贤护为一富商之子,其所受之诸乐、果报,为忉利帝释天王所不及。据《八吉祥神咒经》载,若有急疾,呼贤护等八人名字,即得解脱。命终时,此八人飞往迎之。《思益经》说:众生只要听到他这个名字,就必定能得三菩提:自觉、觉他、觉行圆满。又据《大佛顶首楞严经》卷五所载,跋陀波罗入浴室而悟水因,证得无所有,基于此说,禅宗遂于浴室安置贤护尊者。正士:修行正法之士,即"菩萨"的异称,多指在家菩萨。

②"所谓"句:据《四童子经》《佛名经》《月灯三昧经》等经记载,善思惟、慧辩才、观无住、神通华、光英、宝幢、智上、寂根、愿慧、香象等十位都是他方世界的大菩萨,应化托生本土成为在家菩萨。他们都是来到这个世界听受佛的教诲,助佛弘化的。从贤护到香象共十人,都有经典作为根据。其余尚有六人在佛教经典中没有提及出处,但历代解经家一般认为,其余六人也都是

在他方世界成就的在家菩萨,来到此界听经并助佛弘化。

译文:

此次法会还包括贤护等十六位在家菩萨,他们是善思惟菩萨、慧辩才菩萨、观无住菩萨、神通华菩萨、光英菩萨、宝幢菩萨、智上菩萨、寂根菩萨、信慧菩萨、愿慧菩萨、香象菩萨、宝英菩萨、中住菩萨、制行菩萨、解脱菩萨,他们位居众在家菩萨的上首。

咸共遵修普贤大士之德①,具足无量行愿②,安住一切功德法中③。游步十方④,行权方便⑤,入佛法藏⑥,究竟彼岸⑦。

注释:

①大士:为"菩萨"之美称。音译作"摩诃萨埵",又作"摩诃萨",与"菩萨"同义。佛经中经常以"菩萨摩诃萨"连称。菩萨为自利利他、大愿大行之人,故有"大士"的美称。一般而言,摩诃萨埵如译成"大士",则菩萨多译为"开士",当然都是指菩萨而言。

②无量:佛经常用语。意为不可计量,指空间、时间、数量之无限量,亦指佛德的无限量。《摄大乘论释》云:"不可以譬类得知为无量。"行愿:"修行"与"誓愿"的并称,又称"愿行"。具体而言,本经中所谓"行"指"六度""四摄"等大行;"愿"指"四弘誓"与"十大愿"等胜愿。愿以导行,行以满愿,互相依持。具

足:佛教习语。为"具备满足"的略称。

③安住:安稳住立,佛教中指修成某一功德不会退失。功德:行善所获之果报。"功"指行善;"德"指福德。法:音译为"达磨"、"达摩"、"驮摩"、"昙摩"、"昙无"、"昙"。(一)在佛教经典中,"法"为最重要的概念之一,其主要意思有两个,即"任持自性"和"轨生物解"。"任持自性",是指能保持自体的自性(各自的本性)不改变;"轨生物解",是指能轨范人伦,令人产生对一定事物理解的根据。就"任持自性"的意义而言,"法"是指具有自性的一切存在;就"轨生物解"的意义而言,"法"是指认识的标准、规范、法则、道理、教理、教说、真理、善行等。本经此处,是第一种用法。

④十方:佛教常用语。是四方、四维、上下的总称。具体而言即东、西、南、北为"四方";东南、西南、东北、西北为"四维"。佛教主张十方有无数世界及净土,称为"十方世界"、"十方法界"、"十方净土"、"十方刹"等。又其中之诸佛及众生,则称为"十方诸佛"、"十方众生"。佛教一般用"十方"泛指一切地方。

⑤行权方便:意为随物所宜,因人而异,用一切善巧稳便的教化济度众生。权,为"方便"的别名,即为一时之需、因顺时宜而暂时用之的教法。方便,音译作"沤波耶"。"十波罗蜜"之一,为佛教习语。又作"善权"、"变谋"。指巧妙地接近、施设、安排等。意义可分为以下几种,即对真实法而言,为诱引众生入于真实法而权设的法门? 故称为"权假方便"、"善巧方便"? 即佛菩萨应众生之根机,而用种种方法施予化益? 也可表示针对般若实智而言的通权之智。

⑥入佛法藏：契会证入佛法知见。法藏，佛陀所说之教法。因教法含藏多义，故称"法藏"。或指含藏这些教说的经典，因经典含藏众多法门，故称"法藏"。也有真如所含藏的种种功德的含义。

⑦彼岸：佛教习语。梵语"波罗"，意译为"彼岸"，此岸指有生有死的境界，彼岸则是指不生不灭的涅槃。

译文：

以上一切圣众，无论在家出家，全都以普贤菩萨为榜样，共同遵守修习其妙德，一切无量无边的殊胜行愿都已具足圆满，安住于一切如来无尽果德的本体，而绝无动摇。他们普遍周游于一切世界，随物所宜，因人而异，用一切善巧稳便的教化，济度众生，使之契会证入佛法知见，以脱离五浊恶世，达至如来涅槃果海。

愿于无量世界成等正觉①，舍兜率，降王宫，弃位出家，苦行学道②。作斯示现③，顺世间故。以定慧力，降伏魔怨④，得微妙法，成最正觉⑤。天人归仰，请转法轮⑥。常以法音⑦，觉诸世间⑧，破烦恼城⑨，坏诸欲堑⑩，洗濯垢污，显名清白。调众生、宣妙理、贮功德、示福田⑪。以诸法药，救疗三苦⑫。升灌顶阶⑬，授菩提记⑭，为教菩萨，作阿阇黎⑮，常习相应无边诸行，成熟菩萨无边善根⑯，无量诸佛咸共护念。诸佛刹中，皆能示现。譬善幻师⑰，现众异相，于彼相中，实无可得。此诸菩萨，亦复如是，通诸法性⑱，达众生相⑲，供养诸佛⑳，开导群生。化现其身，犹如电光，裂魔见网，解诸缠缚㉑。远超声闻、辟支佛地㉒，入空、无相、无愿法门。善立方便，显示三乘㉔。于此中下，而现灭度㉕，得无生无灭诸三摩地㉖，及得一切陀罗尼门㉗。随时悟入华严三昧㉘，具足总持百千三昧㉙。住深禅定㉚，悉睹无量诸佛。于一念顷㉛，遍游一切佛土。得佛辩才㉜，住普贤行。善能分别众生语言，开化显示真实之际㉝。超过世间诸所有法，心常谛住度世之道㉞。于一切万物，随意自在，为诸庶类㉟，作不请之友㊱。受持如来甚深法藏㊲，护佛种性常使不绝㊳。兴大悲、悯有情、演慈辩、授法眼、杜恶趣、开善门㊴。于诸众生，视若自己，拯济负荷，皆度彼岸。悉获诸佛无量功德，智慧圣明，不可思议㊵。

注释：

①等正觉：亦称"等觉"。有两种含义：一是指菩萨的最高位置，大乘五十二阶位中，第五十一位，名为"等觉"，即十地位满，将证佛果之中间阶段，因其智慧功德，等似妙觉，故名"等觉"，又名"一生补处"，或"金刚心菩萨"；另一种含义就是指"佛"，为佛十号之一。"等"是平等，"觉"是觉悟，诸佛的觉悟，平等一如，故名"等觉"。本经此处的含义为后者。即对于凡夫的"不觉"而称"正觉"，对于声闻、缘觉二乘的"独觉"而称"等

觉",合称为"等正觉"。

②从"舍兜率"开始直至"住深禅定,悉睹无量诸佛":为释迦牟尼佛乃至一切诸佛示现成道的通常途径,共经历八种相状,即所谓"八相成道"。大乘八相成道说有两种,前者为《四教义》卷七所说,包括:下天、托胎、出生、出家、降魔、成道、转法轮、入涅槃,一般皆以此说为准。后者为《大乘起信论》所说,包括:从兜率天退、入胎、住胎、出胎、出家、成道、转法轮、入于涅槃。前后说之别,在于后者有"住胎"而无"降魔"。"八相成道说"始自无著世亲时代,而后一说则可能源自我国。本经所说"八相成道",基本与前一种说法一致,其中,"舍兜率"为第一下天相,即从兜率天下降。兜率,为"兜率天"的略称,又作"都率天"、"兜术天"、"兜率陀天"、"兜率多天"、"兜师陀天"、"睹史多天"、"兜驶多天",意译为"知足天"、"妙足天"、"喜足天"、"喜乐天"。佛教认为,众生有三种存在的界域,即欲界、色界、无色界。欲界是有淫食二欲的众生所住的世界,欲界中又包括六重天,即四王天、忉利天、夜摩天、兜率天、乐变化天、他化自在天。兜率天属于欲界六天中的第四天,位于夜摩天与乐变化天之间,距夜摩天十六万由旬,在虚空密云之上,纵广八万由旬。此天有内、外两院,兜率外院为天人所居,兜率内院则是即将成佛者(即补处菩萨)的居所,目前是弥勒菩萨的净土,弥勒在此宣说佛法,住满四千年后,即下生人间,成佛于龙华树下。当时释迦牟尼身为菩萨时,也是从兜率天下生人间而成佛的。因此,"舍兜率"被视为示现成佛的第一步。"降王宫"是降生于王宫之中,属于"八相成道"中的第二托胎、第三出生两相。"弃位出

家,苦行学道"是第四相。出家,即出离家庭生活,专心修沙门之净行;亦兼指出家修道者,与沙门、比丘同义。印度早在吠陀时代即有出家修行以求解脱者,后来婆罗门教徒承袭这种修行方法,多入山林闲寂之处专心修道。佛教则以释迦牟尼的出家学道为其滥觞,其后更以出家人组织教团。

③示现:诸佛、菩萨应众生的机缘而化现种种的身相,目的在于教化众生。

④以定慧力,降伏魔怨:是第五降魔相。定慧,即禅定与智慧,为佛教"戒、定、慧"三学中的两种法门。收摄止息散乱的心意为定;观照明察一切的事理为慧,所以又称"止观"。魔怨,扰乱、妨碍众生修行的外物或心境,如妨碍善事之恶鬼或烦恼、疑惑、迷恋等心理活动。

⑤得微妙法,成最正觉:是第六成道相。最正觉,即无上正等正觉,就是彻底明白宇宙人生的事理真相,成就最圆满的佛果。

⑥天人归仰,请转法轮:是第七转法轮相。天人,即欲界、色界、无色界诸天之人。转法轮,又作"转梵轮",指佛陀宣说佛法。佛的教法,如车轮旋转,既能转凡成圣,度众生解脱苦海,亦能摧破众生一切烦恼障惑,所以称作"法轮"。

⑦法音:佛陀说法的声音。

⑧世间:泛指迁流变化的现象世界,略称为"世",与"出世间"、"出世"相对,故与"三界"相应,包括欲界、色界、无色界。原意指可毁坏的,或可对治的、有为有漏的现象。关于世间之分类,有两种、三种之别。一般根据《俱舍论》将世间分为两类,

即:(一)有情世间,又作"众生世间"、"有情界"。泛指一切有情众生。(二)器世间,又作"物器世间"、"器世界"、"器界"、"器"。指有情众生居住、生存的外在环境,如山河大地、国土等。

⑨烦恼:也译作"惑"、"尘劳"、"染"等等,指扰乱身心,令人不得寂静安宁的种种心理作用。佛教认为,"烦恼"会障碍圣道,妨碍正确的智慧,故务必去除尽净方能成佛。另外,部派佛教将潜在的烦恼称为"随眠",表面的烦恼称为"缠"。

⑩欲堑:佛教以贪欲深而难越,易使人堕落,比喻为堑(即深壕大沟),故称为"欲堑"。

⑪福田:佛教惯用语。指能生长福德的田地。即散播布施、供养等种子,则能结出福德的果实,所以用田地来比喻。如行布施时,接受布施者称为"福田"。福田又可分为很多种,如佛、佛弟子、修行者等必受尊敬者,称为"敬田";父母及师长等必受报恩者,称为"恩田";受怜悯之贫者、病者等,称为"悲田"。

⑫三苦:即佛教所谓苦苦、坏苦、行苦等三种苦。"苦苦"是身心受苦时所产生的苦恼;"坏苦"是偶尔出现的快乐转瞬即逝时所感受的苦;"行苦"是由于诸行无常,迁流不息,人们不得安定、无法支配所产生的苦恼。在三界之中,欲界三苦俱全,色界只有坏行二苦,无色界则只有行苦。

⑬灌顶:即以水灌于头顶,受灌者即获晋升一定地位之仪式。原为古代印度帝王即位及立太子的一种仪式,国师以四大海之水灌其头顶,表示祝福,并宣示王权的合法性。佛教亦仿效此法,称菩萨于十地中的第九地升入第十法云地时,诸佛以智水灌其顶,以为受法王职的证明,本经"灌顶阶"特指十地以

上的等觉阶位而言。

⑭授菩提记：佛授予众生将来必定成佛的记识。

⑮阿阇(shé)黎：音译又作"阿阇梨"、"阿舍梨"、"阿遮梨耶"、"阿遮利耶"等，意译为"轨范师"、"正行"、"应可行"、"教授"、"传授"。在印度古代，阿阇黎本为婆罗门教中教授弟子有关吠陀祭典规矩、行仪之师，此一名词后为佛教所采用，且在佛陀在世之时即已经普遍使用。小乘佛教指匡正弟子行为，堪为师范的高僧为阿阇黎；大乘圆顿戒则以释迦牟尼为"戒和尚"，称文殊为"羯磨阿阇黎"、弥勒为"教授阿阇黎"。密教虽也有以大日如来或诸佛菩萨为阿阇黎的情形，但狭义的阿阇黎则专指灌顶及传法灌顶的导师。

⑯善根：即善之根本，又称"善本"、"德本"。广义是指在身、口、意三业中的善因能生善果，故称"善根"。狭义是指产生诸善法的根本，即无贪、无瞋、无痴三者为善根之体，合称为"三善根"。不善根则为贪、瞋、痴等，即称"三不善根"，或称"三毒"。

⑰幻师：又作"幻士"、"幻人"、"幻术师"，即行幻术之人，类似今天的魔术师。佛教经论中经常用之为譬喻。

⑱法性：指诸法的真实体性，亦即宇宙一切现象所具有的真实不变的本性。又作"真如法性"、"真法性"、"真性"。又为"真如"之异称。法性乃万法之本，故又作"法本"。

⑲众生：佛教习语。又名"有情"，即一切有情识志虑的生物。一般而言，众生主要是指具无明烦恼，流转生死的迷界凡夫；但就广义而言，众生也可以含摄悟界的佛、菩萨等。

⑳供养：又作"供"、"供施"、"供给"、"打供"。意指供食物、衣服等予佛法僧三宝、师长、父母、亡者等。供养初以身体行为为主，后亦包含纯粹的精神供养，故有"身分供养"、"心分供养"之分。初期教团所受的供养以衣服、饮食、卧具、汤药等为主，称为"四事供养"。所行的供养除财供养之外，还有法供养，如以恭敬供养、赞叹供养、礼拜供养等精神的崇敬态度也称"供养"。

㉑缠缚：一般是指使众生沉沦三界生死苦海的一切烦恼纠结。具体而言，"缠"有三缠、八缠、十缠乃至五百缠等，"缚"有三缚、四缚等。其中，"十缠"为小乘说一切有部所倡，即无惭、无愧、嫉、悭、悔、眠、掉举、昏沉、忿、覆；"四缚"出于《俱舍论》等，即欲缚、有缚、无明缚、见缚。大乘唯识宗则立"八缠"、"三缚"，小乘"十缠"中除去忿、覆二缠，即为八缠；三缚则指贪、瞋、痴。

㉒声闻：指听闻佛陀之声教而依教修行的佛弟子。在原始佛教中，释迦牟尼在世时的弟子，不论在家或出家，都称为"声闻"。但到后世，声闻被限定为出家弟子。大乘佛教兴起之后，声闻与缘觉皆被大乘信徒贬为小乘。并认为声闻乘有下列特性：（1）以《阿含经》为所依；（2）观苦、集、灭、道四圣谛；（3）经三生六十劫之长远修行，期证阿罗汉果；（4）以灰身灭智为涅槃；（5）着重在个人证悟而不致力于济度众生。辟支佛：音译"钵剌医迦佛陀"、"毕勒支底迦佛"、"辟支迦佛"、"贝支迦佛"，又作"缘觉"、"独觉"、"因缘觉"。指独自悟道的修行者。即于现在身中，不禀佛教，无师独悟，性乐寂静而不事说法教化的圣者。

声闻与缘觉,称为"二乘";声闻、缘觉再加上菩萨,则为"三乘"。

㉓空、无相、无愿:通往解脱之道的三种法门,佛教称为"三解脱门",亦称为"三三昧",略称"三脱门"或"三门"。修学时随依任何一门都可以永断烦恼,解脱生死,究竟成佛。具体而言,即:(一)空门:观一切法皆无自性,由因缘和合而生,当体即空;若能如此通达,则于诸法而得自在。(二)无相门:又称"无想门"。就是说既然一切法空,乃观男女一异等差别相实无可得;若能如此通达诸法无相,即可离差别相而得自在。(三)无愿门:又作"无作门"、"无欲门"。就是说若知一切法无相,则于三界之中无所愿求;若无愿求,则不造作生死之业;若无生死之业,则无果报之苦而得自在。

㉔三乘:即声闻乘、缘觉乘与菩萨乘。"乘"原意为运输工具,佛教由此用"三乘"比喻运载众生渡生死苦海至涅槃彼岸的三种法门。

㉕于此中下,而现灭度:这是八相成道中的第八般涅槃相。三乘法有上有中有下,对于中根下根的人才示现灭度相。中下,即指三乘中的声闻乘、缘觉乘,其中声闻乘为小乘,缘觉乘为中乘。灭度,音译为"涅槃",意译为"圆寂",即灭除烦恼,度脱生死。

㉖三摩地:又称"三昧"、"三摩提"、"三摩帝",意译为"等持"、"正定"、"定意"、"调直定"、"正心行处"。即远离昏沉掉举,心专住一境,不受外界干扰。

㉗陀罗尼:意译"总持"、"能持"、"能遮"。即能总摄忆持无量佛法而不忘失的能力。因为陀罗尼能持忆各种善法,又能遮

除各种恶法，而菩萨以利他为主，为教化他人，所以必须获得陀罗尼，如此方能不忘失无量佛法，而在众人之中无所畏，同时亦能自由自在的说教。后世因陀罗尼的形式，与诵咒相似，因此后人将其与咒混同，甚至统称"咒"为"陀罗尼"。

㉘华严三昧：佛华严三昧"的略称，又名"华严定"。为"华严十定"之一，是普贤菩萨所入的禅定。即以一真法界无尽缘起为宗旨，依此宗旨而修万行，庄严佛果，称为"华严"；一心修之，称为"三昧"。华严三昧是统摄法界，包容一切佛法的大三昧。

㉙具足总持百千三昧：即是指由华严三昧，以陀罗尼总摄忆持之力，而得百千三昧。总持，即陀罗尼。

㉚禅定：佛教的重要修持法。"禅"为"禅那"的简称，音译又作"驮衍那"，意译"静虑"、"思惟修"、"弃恶"。"禅"与"定"皆为令心专注于某一对象，而达于不散乱的状态。或谓"禅那"的音译为"禅"，意译为"定"，梵汉合称为"禅定"。禅的起源，可远溯自印度古奥义书时代。印度的圣者，常在森林树下静坐瞑想，此种静坐瞑想即称为"禅那"。在后来，婆罗门教、佛教、耆那教皆以静坐瞑想为修持方法，而佛教更以禅定作为专一心境、断除烦恼、求达涅槃的重要方法。印度早期佛教中，"八正道"之一的正定，或"三学"中的定学等，均以禅为修持的首要法门。大乘佛教兴起之后，禅的修持遂从自利转为利他，而成为菩萨行的"六波罗蜜"之一。及至传到中国，禅更由一种仅止于修持的方法，发展成为具有独特思想意义的宗派，此即菩提达磨所传"教外别传，不立文字"的禅宗。

㉛一念顷：佛教喻指极短的时间之内。

㉜辩才：善巧说法的能力。佛、菩萨为普度众生，具足种种能够迅速根据问者或听者的根机，来作最适合的启发与开导的辩才，如法无碍辩、义无碍辩、辞无碍辩、辩无碍辩等四无碍辩，亦有七辩、八辩、九辩等说法。

㉝真实之际：究竟至极的实相妙理，即佛的所知、佛的所见。

㉞谛住：即真实无妄地安住。度世之道：教化众生的理论与方法。

㉟庶类：指一切有情众生。

㊱不请之友：即是说不待众生的请求，主动来化度众生。

㊲受持：领受佛法，持久不忘。如来甚深法藏：指如来所说的一切经教，或可据《无量寿经甄解》所谓："即闻持三世一切如来法藏也。多闻归一闻。一闻即是闻其名号。"则"如来甚深法藏"在本经中专指听闻弥陀名号、称念弥陀名号。

㊳佛种性：意指佛的本性或成佛的根本原因。有多种说法，一般指众生本来具足的佛性；也有以菩萨所行为成佛之因，故亦称"佛种"；也有以菩提心作为佛种；亦有以称佛名号为佛种性。后两种说法更合本经本意。

㊴大悲：即大悲心。佛教以救他人苦之心称为"悲"，佛、菩萨欲普度众生永脱苦海，故其悲心平等广大，故称"大悲"。法眼：佛教所谓"五眼"之一，"五眼"即肉眼、天眼、慧眼、法眼、佛眼。肉眼是肉身凡夫的眼，遇昏暗，遇阻碍，就不能见；天眼是天人的眼，远近昼夜，都能得见；慧眼是声闻的眼，能看破假相，识得真空；法眼是菩萨的眼，能彻了世间和出世间的一切法门；

佛眼是如来的眼,有了佛眼便兼有前面的四种眼,能无事不知,无事不见;法眼是智慧,能够抉择一切法门,所以法眼能够适应众生种种的根器,选择最善巧的方法。杜恶趣:"杜"即杜绝,"恶趣"指地狱、饿鬼、畜生"三恶道"。

㊵不可思议:即不是凡夫众生的思惟、意识所能想像、理解的;同时也不是世间的语言、文字所能言喻表达的。

译文:

大菩萨们为度众生,发下大誓愿,到十方无量无尽的世间去示现成佛之道。按照释迦牟尼佛"八相成道"的成佛途径,舍弃兜率天宫之安乐,托胎降生于人世中的王宫;随后舍弃王位而出家,通过艰辛苦修来学道、悟道。所有这些,都是为了教化众生,令入佛道而随顺世间智薄障重的根机而作的示现。为此,还要在修行中运用"禅定"和"慧思"的方法,降伏障碍行善的魔怨,从而契会菩提妙智,成就无上圆满究竟的佛觉。如此,诸天神人共生崇奉敬仰之心,进而希望演说佛法,转佛心中之法,度入众生之心。他们便随时随地演说佛法,以启发引导三界一切众生觉悟,以破除众生身心之内烦恼的堡垒,摧溃诱使众生堕落六道的爱欲沟堑,涤除蒙蔽众生心灵的污垢,开显其本来纯净无染的真如之心。通过开佛知见、示佛知见以使众生悟佛知见、入佛知见;通过展示福田广大以使众生积累善功善德。用诸种佛法之无上妙药,来疗救众生沉沦三界生死苦海的厄难。德遵普贤的圣众都是升于灌顶之位,具有当得佛果的授记,为了教导其他初发心菩萨,他们率先垂范,时时修习无量无边的相应行德,去成熟他们无量无边的善根,使之圆满成就,从而受到无量诸佛的庇护和眷顾。这些大菩萨在十方的佛世界中都能示现种种应身与化身,如同一个无比善巧的幻师,幻现种种光怪陆离的形相,而这些形相原本为幻,所以就实而论,一无所有。这些与会的大菩萨也是这样,他们通晓彻知随缘不变的诸法实相,又能了达不变随缘而显现的种种差别相,上供诸佛,下化众生。他们能如闪电般迅速,化现无量之身,前往无量之土,如电光照物,平等普照,撕裂邪见业网,断离烦恼的缠缚。大菩萨们善巧方便,随机度生,故而远超声闻、缘觉二乘之上,进入无自性我执、无名相法执、无妄想取执的法门。他们随众生之宜善巧施设,示现通于一乘的声闻、缘觉、菩萨三乘教法。他们本不住生死,不住涅槃,但为了利益中、下根性众生而示现涅槃之相。大菩萨们已经修得无生无灭的各种三摩地,并获得能持善遮恶、使功德不失、一得永得的一切陀罗尼法门。他们随时悟入平等无二、真实无妄的佛华严三昧,具足一切陀罗尼和能令众生行之而断尘劳烦恼的一切三昧。他们能够安住于"寂""照"无碍的甚深禅定,一切诸佛皆为所见。并于一刹那间,遍游无量无边一切佛土。他们获得了同佛一样随机善巧宣说佛法的才能,不动摇地行持普贤菩萨归向极乐的愿行。他们对各类众生不同的语言了如指掌,并以各类众生本有的语言,开示究竟至极的真如实相。他们远远超越了世间一切依存于因果的"有为法",达到了性空无相、平等一味的境界,并恒常安住于此"无为法"之上,救度一切世间众生。他们对待万事万物,都能随缘自在,通达无碍;对待一切众生,都能不待请求,主动化导。接受并保持如来深奥微妙的一切经教,并使众生能够发菩提心,修普贤行,称佛名号,长久不绝。他们兴发大慈大悲之心,哀悯六道苦海之中的有情众生,以慈悲之心为众生说法,使之获得了脱烦恼的正知正见,从而堵塞了堕入畜生、饿鬼、地狱的三途恶道,开启了进入菩提涅槃的善门。大菩萨们以众生之苦为己苦的同体之悲,肩负着救度一切众生出离苦海的重担,使众生无一例外地到达无余涅槃的彼岸。大菩萨们都得到一切诸佛无量无边的功德,其智慧行愿是如此地庄严伟大,的的确确难以想象和难以言表。

如是等诸大菩萨,无量无边,一时来集。又有比丘尼五百人、清信士七千人、清信女五百人、欲界天、色界天、诸天梵众①,悉共大会。

注释:

①清信士:指亲近三宝、受持五戒的在家男性佛教信徒,也即男居士,梵语为"优婆塞"。清信女:指亲近三宝、受持五戒的在家女性佛教信徒,也即女居士,梵语为"优婆夷"。梵众:修习梵行的大众,一般指僧侣。

译文:

上述这些大菩萨,其数无量无边,此一时间同赴法会。还有五百位比丘尼、七千位男居士、五百位女居士,以及欲界天、色界天等天上的天人大众,也全都来到这里参加法会。

大教缘起第三

本品属于"序分"中的"别序"部分,是由"通序"转入经文主体"正宗分"的过渡,点明本经所出的特殊因缘,亦称为"发起序"。

本品以如来放现瑞光开始,其所示现的瑞相光明被阿难看到,由此生发稀有无上的欢喜心,并向如来请法。世尊对阿难问法予以高度评价,认为阿难所问,对一切众生都具有无尽的利益,甚至"胜于供养一天下阿罗汉、辟支佛,布施累劫,诸天人民、蜎飞蠕动之类,功德百千万倍",其之所以如此,乃在于阿难的问法引出了如来下面的一切经说,换言之,即引发了《无量寿经》的问世。

尔时世尊①,威光赫奕②,如融金聚。又如明镜,影畅表里。现大光明,数千百变。

注释:

①尔时:那时。即宣说本经的灵鹫山法会之时。世尊:对释迦牟尼佛的尊称,因佛为世人所共尊,故有此称。

②威光:具有神威之力的光明。因为佛的智慧光明具有能破除一切烦恼暗障的威力,所以称佛陀的光明是"威光"。赫奕:描摹佛陀威光的明耀强盛,"赫"为明耀,"奕"为强盛。

译文：

那一时刻，释迦牟尼佛放出雄猛有威，明耀强盛的光明，其光之明烈如同熔化的金子，聚汇在一起。又好似一面明镜，光芒外射，又畅显于镜中，内外映彻，通体光明。释迦牟尼佛所发出的神光，殊胜明耀，殊胜广大；其光之形色，交互回转，瞬息万变，无有穷极。

尊者阿难，即自思惟："今日世尊，色身诸根①，悦豫清净②，光颜巍巍，宝刹庄严③。从昔以来，所未曾见，喜得瞻仰。"生希有心④，即从座起，偏袒右肩⑤，长跪合掌⑥，而白佛言⑦："世尊，今日入大寂定⑧，住奇特法⑨，住诸佛所住导师之行、最胜之道，去来现在佛佛相念⑩，为念过去未来诸佛耶？为念现在他方诸佛耶？何故威神显耀，光瑞殊妙乃尔？愿为宣说。"

注释：

①色身诸根：指眼、耳、鼻、舌、身五根。眼是视根，耳是听根，鼻是嗅根，舌是味根，身是触根。"五根"为色根，再加上属于无色根的念虑之根"意根"，统称"六根"。

②悦豫：欢喜愉快。清净：远离烦恼、执着、分别。

③宝刹：这里指佛光中所呈现的佛国净土。庄严：佛教常用语。原意为装饰布列，佛教多指布列诸种宝物、鲜花、宝盖、幢、幡、璎珞等，以装饰严净道场或国土等。

④希有：佛教赞佛常用语。意为稀少难逢，无可堪匹。《金

刚经纂要刊定记》卷三称佛陀有四种希有,即:(一)时希有,谓佛陀之出世,非旷世所常有。(二)处希有,三千世界中,佛陀不出现于他处,唯降生于迦毗罗城。(三)德希有,佛陀乃具无量之福德智慧者,以其最尊,无人能比,故谓德希有。(四)事希有,佛陀一代所做,系以佛法普利众生,故为希有殊胜之事。

⑤偏袒右肩:又作"偏露右肩",略称"偏袒"。即披着袈裟时袒露右肩,覆盖左肩。原为古代印度表示尊敬的礼节,佛教沿用之,比丘拜见佛陀或问讯师僧时,都必须偏袒右肩。一般认为,偏袒右肩可以方便从事拂床、洒扫等工作,所以象征便于服劳、听令使役,于是以偏袒右肩为礼敬尊重的标志。长跪:又称"胡跪",指双膝跪地,小腿悬空,上身挺立,两脚趾头拄地,表示极为尊敬。

⑥合掌:佛教习用礼节,又名"合十"。左右十指,伸直合拢,置于胸前,表示一心诚敬。

⑦白:禀白。

⑧大寂定:又作"大涅槃"、"大灭度"。意指如来所入的禅定,这里专指念佛三昧。

⑨奇特法:《净影疏》认为,佛所得法,不是菩萨等人所能得到,世间所无,所以叫做"奇特法",这里是指念佛法门。

⑩去来现在:指过去、未来、现在三世。即一个人现在生存的现世、出生以前生存的前世及命终以后生存的来世。又有以现在的一刹那为中心,及其前后合称为"三世"。也有以劫为单位,以贤劫为现在,以此而建立"三世"。佛佛相念:佛与诸佛之间互相忆念、心心相印。

译文:

阿难见佛现此稀有瑞相,放此空前殊胜的光明,便暗下思忖:"今天世尊的色身所具眼耳鼻舌身诸根显得无比愉悦舒畅,妙相清净,容光尊胜,佛光中映现出诸佛庄严的国土。如此超情离见之殊胜妙境,乃是往昔跟随释迦牟尼佛以来,从所未见,真高兴今日有幸一睹此光明瑞相。"念及于此,内心油然而生前所未有的恭敬诚恳之情,便从座上起立,袒露右肩,以示对佛的极敬,两腿跪地,双手合十,向佛禀白:"世尊,今日您进入到大涅槃境界,安住于世间所无的不可思议之法,这当是诸佛共行的教化众生之法、众生成佛之第一殊胜之道,自是过去、现在、未来世的诸佛光光相照、心心相印之法。但您是在忆念过去、将来的诸佛呢?还是在忆念现在世的他方佛国的诸佛呢?若非如此,您现在的威神何以会如此的强盛明耀?所放光明何以会如此的殊胜微妙呢?请您给我们说一说这其中的奥妙吧。"

于是世尊,告阿难言:"善哉!善哉!汝为哀愍利乐诸众生故,能问如是微妙之义。汝今斯问,胜于供养一天下阿罗汉、辟支佛①,布施累劫②,诸天人民、蜎飞蠕动之类③,功德百千万倍。何以故?当来诸天人民,一切含灵,皆因汝问而得度脱故。阿难,如来以无尽大悲,矜哀三界,所以出兴于世。光阐道教④,欲拯群萌⑤,惠以真实之利。难值难见,如优昙华⑥,希有出现。汝今所问,多所饶益。阿难当知,如来正觉,其智难量，无有障碍。能于念顷，住无量亿劫，身及诸根，无有增减。所以者何？如来定慧，究畅无极。于一切法，而得最胜自在故⑦。阿难谛听，善思念之，吾当为汝分别解说。"

注释：

①一天下：是指"四天下"之一。佛经上说须弥山周围有四大洲，即南赡部洲、北俱卢洲、东胜神洲、西牛贺洲，为一日月所共照，所以称为"四天下"，一天下就是四大洲中的一个洲。阿罗汉：为"声闻四果"之一，又作"阿卢汉"、"阿罗诃"，略称"罗汉"，意译为"应供"、"应真"、"杀贼"、"不生"、"无生"、"无学"、"真人"。指断尽一切烦恼而得尽智，值得世人供养尊重的圣者。此果位通于大、小二乘，然一般皆作狭义解释，专指声闻弟子所得的最高果位。

②布施：音译为"檀那"、"柂那"、"檀"，又称"施"，意译为"财施"。即以慈悲之心而施福利于人。布施本义是以衣、食等实物施予大德及贫穷者；大乘佛教视之为"六度"之一，再加上法施、无畏施，从而扩大了布施的内涵，即指施予他人以财物、体力、智慧等，为他人造福成智而求得累积功德，以达到最终解脱的一种修行方法。

③蜎（yuān）飞蠕动：指形体细微渺小的生物，"蜎"指小飞虫，"蠕"指小爬虫。

④道教：有关成佛之道的教化，即佛教。

⑤群萌：泛指一切众生。"萌"本义为草木刚刚发芽的状

态,以此比喻众生道心初发,但尚为无明所覆。

⑥优昙华:又名"优昙钵华",是多年生草,茎高四五尺,花作红黄色,产于喜马拉雅山麓及斯里兰卡等处,传说三千年开花一次,开时仅一现,故喻指难见而易灭的事。因其难以遭逢,故佛教视其开花为祥瑞,认为花开即有佛出世。华,即花。

⑦自在:指远离烦恼的系缚,身心自由通达,所作所为皆进退无碍。

译文:

于是释迦牟尼佛对阿难说道:"很好!很好!你有慈悲怜悯众生陷溺无边苦海,希望他们离苦得乐之心,方才能够问出这样殊胜微妙的问题来。你这一问的功德,胜过了供养一天之下的阿罗汉和辟支佛,也胜过了累劫布施一切人天各种生物,以至于小飞虫、小爬虫的功德千百万倍。为什么这样说呢?因为将来十方世界的一切含灵众生,全都能够因你的这一提问而得到究竟圆满的解脱。阿难,我以无有穷尽的大悲心,哀悯欲界、色界、无色界的一切众生,所以来到这个世界。弘阐佛教,意欲普度众生出离苦海,使他们真正地离苦得乐,得无上圆满的真实之利。佛法难闻、佛身难见,如同优昙花,稀有出现。所以你今天的提问,对一切众生都具有无尽之利益。阿难,你应当知晓,如来彻底觉悟宇宙人生的真相,其智慧非凡情所能称量测度,一切通达,没有障碍。如来能于一念之间,经历无量亿劫的时间,身根、眼根、耳根、鼻根、舌根都没有任何增减,不生不灭。为什么能够有如此智慧与能力呢?因为如来的禅定智慧,究竟畅达,没有极限。在一切法中,得到最为殊胜的大自在。阿难,你要真诚仔细地听法,深入善巧地理解,我现在就为你们将这一无比殊胜的法门分别解说。"

法藏因地第四

以下进入本经主体部分"正宗分"。本品揭明法藏比丘在因地发心修道的因缘。介绍了法藏比丘听闻世间自在王如来说法,发菩提心,捐弃国王王位的过程,他在信受、理解、领悟、记忆等各个方面具有超绝群伦的才干,同时又有着超凡绝俗的身行和志愿,从而得以精进修行,日益增上。本品最后以法藏礼赞世间自在王如来的一首偈颂作结,在盛赞佛的功德的同时,表达了自己愿望修得与佛一样的智慧去救度众生出离苦海的深宏誓愿,此偈颂可谓后文法藏比丘所发四十八大誓愿核心思想的一个扼要概括。另外,在偈颂的结尾,还进一步表达了法藏比丘以明确行动实践此一誓愿而具有的坚定不移的决心和百折不挠的信心。

法藏:这里是指阿弥陀佛成佛以前的法名。"法"是世间、出世间的一切万法。"藏"为含藏,自性中含藏一切万法,故称为"法藏"。因地:为"果地"的对称,"地"即阶位之意,指修行佛道的阶位。本品标题所谓"因地",是相对法藏成佛的果地而言,所以从凡夫地初发心修学,到圆满成佛以前,这一段修学期间都叫因地。

佛告阿难:"过去无量不可思议、无央数劫①,有佛出世,名世间自在王如来、应供、等正觉、明行足、善逝、世间解、无上士、调御丈夫、天人师、佛世尊②。在世教授四十二劫,时为诸天及世人民说经讲道。有大国主名世饶王。闻佛说法,欢喜开解,寻发无上真正道意,弃国捐王,行作沙门③,号曰法藏,修菩萨道④。高才勇哲,与世超异,信解明记,悉皆第一;又有殊胜行愿,及念慧力⑤,增上其心,坚固不动。修行精进,无能逾者。往诣佛所,顶礼长跪,向佛合掌,即以伽他赞佛⑥,发广大愿。"颂曰:

> 如来微妙色端严,一切世间无有等。
> 光明无量照十方,日月火珠皆匿曜⑦。
> 世尊能演一音声⑧,有情各各随类解。
> 又能现一妙色身,普使众生随类见。
> 愿我得佛清净声,法音普及无边界。
> 宣扬戒定精进门⑨,通达甚深微妙法。
> 智慧广大深如海,内心清净绝尘劳。
> 超过无边恶趣门,速到菩提究竟岸。
> 无明贪瞋皆永无⑩,惑尽过亡三昧力⑪。
> 亦如过去无量佛,为彼群生大导师。
> 能救一切诸世间,生老病死众苦恼。
> 常行布施及戒忍,精进定慧六波罗⑫。
> 未度有情令得度,已度之者使成佛。
> 假令供养恒沙圣⑬,不如坚勇求正觉。
> 愿当安住三摩地,恒放光明照一切。

感得广大清净居，殊胜庄严无等伦。

轮回诸趣众生类^⑭，速生我刹受安乐^⑮。

常运慈心拔有情，度尽无边苦众生。

我行决定坚固力，唯佛圣智能证知。

纵使身止诸苦中，如是愿心永不退。

注释：

①无央数劫：音译为"阿僧祇劫"，指无限长的时间。央，有极限的意思。

②如来、应供、等正觉、明行足、善逝、世间解、无上士、调御丈夫、天人师、佛世尊：佛的十种通用尊号。如来，乘如实之道而来以成正觉。应供，音译"阿罗汉"，应受人天的供养。等正觉，另译为"正遍知"，音译"三藐三佛陀"，真正遍知一切诸法。明行足，"宿命明"、"天眼明"、"漏尽明"等三明与圣行、梵行、天行、婴儿行、病行等五行悉皆具足。善逝，以一切智为大车，行八正道而入涅槃。世间解，能了解世间、出世间的一切事理。无上士：在一切众生中，至高无上。调御丈夫，以种种方便调御修行者，使出苦海、入涅槃。天人师，为一切天、人的导师。佛世尊，为一切世人所共同尊重的觉悟者。佛的十种尊号有不同的提法，有将无上士和调御丈夫合为一号，也有将世间解、无上士合为一号。本书根据《涅槃经》，将佛与世尊合为一号。

③沙门：原为出家人的通称，包括外道出家者。佛教盛行后，更多专指剃除须发，止息诸恶，调御身心，勤行诸善，以期证得涅槃境界的佛教僧侣。

④菩萨道:菩萨之修行,即修六度万行,圆满自利利他,成就佛果之道。"六度"是指六种行之可以从生死苦恼此岸得度涅槃安乐彼岸的法门,即布施、持戒、忍辱、精进、禅定、般若。其中,布施能度悭贪,持戒能度毁犯,忍辱能度嗔恚,精进能度懈怠,禅定能度散乱,般若能度愚痴。因"六度"包括了菩萨所修的一切行门,故又称"六度万行"。

⑤念慧力:由信、精进、念、定、慧等五无漏根的增长所产生的五种维持修行、达到解脱的力量,即"五力"。念、慧力为"五力"其中之二。"五力"分别为:(一)信力,即对佛法僧三宝虔诚信仰,可破除一切邪信。(二)精进力,修四正勤,可断除诸恶。(三)念力,修四念处以获正念。(四)定力,专心禅定以断除情欲烦恼。(五)慧力,观悟四谛,成就智慧,可达解脱。此"五力"是断烦恼、开智慧的基本条件。

⑥伽他:又作"伽陀"、"偈佗"、"偈",意译为"偈颂"、"颂"、"孤起颂"、"不重颂偈"。广义指歌谣、圣歌,狭义则指于经文段落或全经之末,以句联结而成的韵文,内容不一定与前后文有关。

⑦日月火珠皆匿曜(yào):佛光所照之处,日、月、火、明珠都黯然失色。"匿"是隐藏,"曜"是光明。

⑧一音声:佛宣说经教时的音声。佛教认为,佛陀的说教之声,是从离垢无染的自性中流出的微妙音声,所以一音中具足全部的性德,包含无边的妙用,每一众生都可得到与他相应的部分,欢喜开解。由于众生缘有深浅,根有利钝,所以于一音之中同听异闻。如果是人天根器,则闻佛说"五戒"、"十善"之

法；如果是声闻根器，则闻佛说"四谛"之法；如果是缘觉根器，则闻佛说"十二因缘"之法；如果是菩萨根器，则闻佛说"六度"等法，这就是下句所谓的"有情各各随类解"。

⑨戒定精进门："戒定"指"戒、定、慧"三学；"精进"代指布施、持戒、忍辱、精进、禅定、般若六度，即菩萨修学的六个纲领。

⑩无明贪瞋(chēn)：无明即"痴"，合起来就是贪瞋痴三种烦恼，因为贪瞋痴为一切烦恼之根本，能长劫毒害众生身心，故又名为"三毒"。

⑪惑尽过亡："惑"指一切无明烦恼，"过"指过失、罪业。"惑尽过亡"即是说一切无明烦恼及由此而带来的过失、罪业都消失殆尽。三昧力：这里指"三毒永无"、"惑尽过亡"全因念佛三昧的力量。

⑫六波罗："六波罗蜜"的简称，即布施、持戒、忍辱、精进、禅定、般若六度。

⑬恒沙圣："恒沙"是指印度恒河中的细沙。释迦牟尼当年在世说法时多在恒河流域一带，所以常用恒河沙来比喻数量之多。"圣"指佛、菩萨、罗汉。

⑭轮回：又作"流转"、"轮转"等，音译"僧娑洛"。意指众生于六道中犹如车轮旋转，循环不已，流转无穷。印度婆罗门教、耆那教等都采用这种轮回说作为它们的根本教义之一。佛教沿用了这种理论并作了进一步的发展。佛教认为，众生今世不同的业力在来世可以获得不同的果报，贪瞋痴等烦恼可造成恶业，由恶业招感苦报。苦报之果，果上又起惑造新业，再感未来果报，往复流转，轮回不止。因此轮回贯通现在、过去和未来三

世,包摄六道(天上、人间、阿修罗、地狱、饿鬼、畜生)、四生(胎生、卵生、化生、湿生)。

⑮安乐:即身安心乐,西方极乐世界亦名"安乐国"、"安乐净土"。

译文:

释迦牟尼佛告诉阿难说:"在过去久远得不可思议的无尽数劫以前,有一尊佛出现于世间,名字叫作世间自在王如来,又叫应供、等正觉、明行足、善逝、世间解、无上士、调御丈夫、天人师、佛世尊。此佛在世弘法四十二劫之久,时时为诸天以及世间人众讲经说法,开示正道。当时,有一位大国王,名叫世饶王,他听过世间自在王如来说法后,顿然心开,深解实义,欢喜踊跃,随即发心求证无上大菩提心,舍弃国土与王位,跟随世间自在王佛出家修行,法名叫做法藏,修习六度四摄、自觉觉他的菩萨道。法藏比丘才能过于常人,心志广大坚强,明见自家心性,远非常人所能比及,在信受、理解、领悟、记忆等各个方面,皆为修行者之冠;又有超凡绝俗、希有难逢的行愿,兼之消除邪见、遮止妄惑的'念力'和'慧力',以增长他的信心、愿心和行心,使他心念坚固没有动摇。他精进修行,不懈不怠,在所有的修行者中,没有一个人能超过他。法藏比丘来到世间自在王如来的住所,双膝跪在佛足前,双手合十,向佛稽首行礼,用偈颂来称颂世间自在王如来佛,并发下宏大的誓愿。"偈颂的内容是:

如来微妙色端严,一切世间无有等。

光明无量照十方，日月火珠皆匿曜。
世尊能演一音声，有情各各随类解。
又能现一妙色身，普使众生随类见。
愿我得佛清净声，法音普及无边界。
宣扬戒定精进门，通达甚深微妙法。
智慧广大深如海，内心清净绝尘劳。
超过无边恶趣门，速到菩提究竟岸。
无明贪瞋皆永无，惑尽过亡三昧力。
亦如过去无量佛，为彼群生大导师。
能救一切诸世间，生老病死众苦恼。
常行布施及戒忍，精进定慧六波罗。
未度有情令得度，已度之者使成佛。
假令供养恒沙圣，不如坚勇求正觉。
愿当安住三摩地，恒放光明照一切。
感得广大清净居，殊胜庄严无等伦。
轮回诸趣众生类，速生我刹受安乐。
常运慈心拔有情，度尽无边苦众生。
我行决定坚固力，唯佛圣智能证知。
纵使身止诸苦中，如是愿心永不退。

至心精进第五

　　本品承接上一品的偈颂,首先强调了在成佛如佛并救度众生的过程中,发无上菩提之心的重要性,接着进入主题,即要"至心精进"方能得成正果。"至心"就是至诚恳切、专一至极之心;"精进"就是精而不杂,进而不退,"至心精进"可谓修道成佛的不二法门,而且更重要的是要"精进不止",如此无边海水亦可斗量,无论如何深广的誓愿亦得实现。同时,经文中连续用了"汝自思惟"、"汝自当知"、"汝应自摄"三个"自"字,说明成佛境界,深妙无比,非语言分别所能了知,唯当自心默契、自知自择。为此,世间自在王佛为法藏演说示现二百一十亿诸佛国土,以使法藏比丘抉择优劣,依闻而思,依思而修,成就最胜佛国净土。

　　法藏比丘说此偈已,而白佛言:"我今为菩萨道,已发无上正觉之心①,取愿作佛,悉令如佛。愿佛为我广宣经法,我当奉持,如法修行,拔诸勤苦生死根本,速成无上正等正觉。欲令我作佛时,智慧光明,所居国土,教授名字②,皆闻十方。诸天人民及蜎蠕类,来生我国,悉作菩萨。我立是愿,都胜无数诸佛国者,宁可得否?"

注释：

①无上正觉："为无上正等正觉"的略称，音译为"阿耨多罗三藐三菩提"，旧译为"无上正遍知"、"无上正遍道"。意指佛陀所觉悟的智慧，平等、圆满，周遍证知最究极的真理。

②教授名字："教授"这里指所教所授，即所教导与传授的经法义理。"名字"即"阿弥陀佛"这一名号。

译文：

法藏比丘颂完此偈后，就向世间自在王如来禀白道："我现在是在修行菩萨道，已经发了无上正等正觉的心，我愿精进不退，直到证得佛位，而且也让一切众生都能如此。希望世间自在王佛为我详细宣说经法，我一定如法依教，信奉受持，精进修行，拔除一切无休止造业的生、死之根，破除贪、瞋、痴等妄想烦恼，迅速地修成无上正等正觉的佛智慧。希望我成佛时，我的智慧光明、所居国土、我的教化以及名号，都是闻名十方。十方世界一切六道含灵众生，都来生于我的国土，全都成为菩萨。我立下这一个誓愿，一定要使我的佛国胜过和优于其他无数的佛国净土，不知我这个誓愿能否实现？"

世间自在王佛即为法藏而说经言："譬如大海，一人斗量，经历劫数，尚可穷底；人有至心求道，精进不止，会当克果①，何愿不得？汝自思惟，修何方便，而能成就佛刹庄严？如所修行，汝当知，清净佛国，汝应自摄②。"

注释：

①会当克果："会"，必将；"克"，获得；"果"，愿望的圆满，即佛果。整句意思是必将证得佛果。

②自摄：自行选择、摄取。

译文：

世间自在王如来听罢，便对法藏比丘说道："譬如大海深广无量，一个人用斗去量，经过一定时劫的坚持不懈，也能够量尽见底；若有人坚定志愿，至心求道，精进不止，就决定可圆满本愿，有什么样的誓愿是不能实现的呢？你自己细心深入地想一想，修行哪一种方便法门，才能成就你所愿实现的庄严佛土呢？怎样契合本愿，如法修行，你自己应当知道，要如何建立如你所愿的清净佛土，也当由你自己去决定选择。"

法藏白言："斯义宏深，非我境界^①，唯愿如来，应正遍知，广演诸佛无量妙刹。若我得闻，如是等法，思惟修习，誓满所愿。"

注释：

①境界：本指疆域，佛教讲"境界"有两种意义：一指"十八界"中的"六境"（亦名六尘），包括色、声、香、味、触、法，是眼、耳、鼻、舌、身、意等六根展开活动的对象，相当于人们所说的外在世界。另一层含义是指学佛修行所达到的境地。此处"境界"的意思是指后者。

译文：

法藏比丘向佛禀白道："您所说的义理博大高深，这不是我目前的境界所能理解的，希望如来、应供、正遍知，给我广泛地演说示现诸佛无量胜妙净土的殊胜情形。若是我能得到您的开示，了解一切佛国净土的胜妙与差别，我誓当深入理解、精勤修行，圆满成就我所发的誓愿。"

世间自在王佛知其高明，志愿深广，即为宣说二百一十亿诸佛刹土功德严净，广大圆满之相，应其心愿，悉现与之。说是法时，经千亿岁。

译文：

世间自在王佛知道法藏比丘德行高尚，智慧明朗，志向远大，誓愿深广，便为他宣说了二百一十亿个佛国净土的种种功德、庄严洁净、广大圆满的无边妙相，还随顺法藏比丘的心愿，把这些佛国净土全部展现给他看。世间自在王佛给法藏比丘演说此法的时间，长达千亿年之久。

尔时法藏闻佛所说，皆悉睹见，起发无上殊胜之愿。于彼天人善恶，国土粗妙，思惟究竟，便一其心，选择所欲，结得大愿。精勤求索，恭慎保持，修习功德，满足五劫，于彼二十一俱胝佛土①，功德庄严之事，明了通达，如一佛刹。所摄佛国，超过于彼。

注释：

①俱胝(zhī)：印度数量词。又作"拘胝"、"俱致"、"拘梨"。圆测《解深密经疏》卷六列举三种不同传译："一者十万，二者百万，三者千万。"此外，《华严经疏钞》卷十三又以之为"百亿"。在本经中如结合上文提及的"二百一十亿诸佛刹土"，则"俱胝"应为十亿。其实，经中所提及的这些数目，本不应作为实际数字看待，都是表示一切所有的佛国净土。本经之所以反复有"二百一十亿"、"二十一"这些数目，是因为佛法中常以七、十、十六、二十一等数字代表圆满。

译文：

那时，法藏比丘听完世间自在王佛所说的法，对于佛所示现的十方佛土的无边妙相，也眼见心明，便从世间自在王如来佛足下起身，立下无上殊胜大愿。对于他所看到的一切世界中天人的"善"与"恶"，以及国土的"粗"与"妙"，他都一一比较，对它们的因果得失，深入思维，达到"究竟"。于是便一其心志，决定选择出自己所希望、使众生普得最极真实之利的佛国净土，结成了大愿。立定大愿之后，法藏比丘便勇猛精进，勤奋求索，恭敬慎重，一心专注地奉持佛教，历时五劫，修习为成就佛国净土所必须的功德，对于那二百一十亿个佛国净土的功德庄严、因缘果报，就好像对于一个佛国净土一样，全都能够明了通达、全面透彻。因此之故，法藏比丘自己所修行摄取的佛国净土，远远超过了那二百一十亿个佛国净土。

既摄受已①，复诣世自在王如来所，稽首礼足②，绕佛三匝③，合掌而住，白言世尊："我已成就庄严佛土，清净之行。"

注释：

①摄受：指佛以慈悲心来摄取、护持众生。已：指结束。

②稽首礼足：是佛教最恭敬的礼节。"稽首"是头部着地或拜垫，"礼足"是将头接触佛足。

③绕佛三匝：为佛教礼仪之一。即围着佛按顺时针方向行走三圈，也有绕行一圈或百千圈的，皆表示对佛的恭敬仰慕之意。《三千威仪经》认为，绕佛必须做到：（一）低头视地；（二）不得蹈虫；（三）不得左右视；（四）不得唾地；（五）不得与人语话。原是古代印度的一种礼节，佛陀寂灭后，信徒们便对存放佛舍利的塔或佛像进行顺时针绕行礼拜。

译文：

法藏比丘在完成了摄取佛国净土的大愿之后，又返回到世自在王佛的居所，在佛足前稽首行礼，随即绕佛三圈，然后双手合十立在世间自在王佛面前，向佛禀白道："我已经成就了庄严净土，同时我也成就了最极清净的修行。"

佛言："善哉！今正是时，汝应具说，令众欢喜，亦令大众，闻是法已，得大善利。能于佛刹，修习摄受，满足无量大愿。"

译文：

世间自在王佛说道："很好！现在正是机缘成熟的时间，你应该具体宣演你那佛国净土的好处，普令大众心生法喜，也让十方大众听了之后，得到殊胜的法益。使他们能到你修行成就的佛国净土，修行摄受，满足他们成佛之愿，也满足你普度众生的大愿。"

发大誓愿第六

　　本品为全经最重要的一品,其中心是法藏宣说自己所发的四十八大誓愿。法藏菩萨成就阿弥陀佛,世人称为"大愿王",之所以称其为"大愿王",就是因为他在因地中所发的大愿无比殊胜,为他佛所不及。本经的主旨实际上就是紧紧围绕四十八大愿而展开的,四十八大愿可谓本经乃至整个净土宗的总纲领。

　　净影寺慧远《无量寿经义疏》、吉藏《无量寿经义疏》等又将阿弥陀佛四十八愿总括为三类,即:(一)摄净土愿,又作"摄土愿"、"求佛土愿",是有关法藏希望所建净土种种殊胜庄严的情状,包括四十八愿中之第三十一、三十二愿;(二)摄法身愿,又作"摄佛身愿"、"求佛身愿",为有关佛身成就的誓愿,包括四十八愿中的第十二、十三、十七愿;(三)摄众生愿,又作"利众生愿"、"摄生愿",是法藏比丘在誓愿中为利益众生所作的承诺,包括余下的四十三愿。如进一步细分,"摄众生愿"又可分为四类,即摄净土天人愿、摄净土圣众愿、摄他方众生愿、摄他方菩萨愿。

　　另外,有关法藏所发的誓愿,由于本经译本众多,所以各译本数目种类也不尽相同。汉、吴两译同为二十四愿,且经中明言"便结得二十四愿经",宋译则为三十六愿,魏唐两译则为四十八愿。《后出阿弥陀偈经》亦有"誓二十四章"的说法。但由于魏译本的流行,所以一般都以"四十八愿"来说阿弥陀佛因地誓愿,"二十四愿"说尽管在诸译本中占多数,反而不彰于世。夏莲居会集诸译众说,巧妙地以二十四为章,四十八为目,即将四十八愿整合到二十四段经文中,既符"誓二十四章"的古说,又合"四十八愿"的惯例,较好地解决了诸译本间的分歧。

法藏白言:"唯愿世尊,大慈听察。

译文:

法藏比丘向世间自在王禀白道:"世尊,希望您用大慈之心,听我陈说,鉴察我心。

"我若证得无上菩提,成正觉已,所居佛刹,具足无量不可思议功德庄严。无有地狱、饿鬼、禽兽、蜎飞蠕动之类。所有一切众生,以及焰摩罗界①,三恶道中,来生我刹,受我法化,悉成阿耨多罗三藐三菩提,不复更堕恶趣。得是愿,乃作佛;不得是愿,不取无上正觉。
一、国无恶道愿;二、不堕恶趣愿。

注释:

①焰摩罗界:焰摩罗王所统辖的世界,即地狱。"焰摩罗王"又译为"阎摩罗王"、"阎逻王"、"炎摩王"等,即世俗所谓的阎王。在六道轮回中,地狱最下劣、最惨苦,列为"三恶道"(地狱、饿鬼、畜生)之首。据说,造"五逆"、"十恶"的人,死后将受

地狱报应。地狱名目很多,如阿鼻地狱、十八地狱、火车地狱、八大地狱等。

译文:

"我如果证得了无上正等正觉,正式成佛,我所居住的佛国净土,圆满具足无量无边、不可思量、不可言说的种种殊胜功德和清净庄严。国土中没有地狱,没有饿鬼,没有禽兽乃至一切飞虫、爬虫。所有一切众生,乃至焰摩罗世界、三恶趣道中的众生,只要往生到我的佛国净土,接受我的教化,也能全部成就无上正等正觉,超出轮回苦海,不再堕入恶道之中。以上愿望能够成就,我方才成佛;若不能成就,我终不成佛。第一愿、国无恶道;第二愿,不堕恶趣。

"我作佛时,十方世界,所有众生,令生我刹,皆具紫磨真金色身①,三十二种大丈夫相②。端正净洁,悉同一类。若形貌差别,有好丑者,不取正觉。三、身悉金色愿;四、三十二相愿;五、身无差别愿。

注释:

①紫磨真金色身:"紫磨真金"就是赤金,是最上等的黄金,在此表佛身不变不坏。

②三十二种大丈夫相:又名"三十二大人相"、"三十二大士相",简称"三十二相"、"大人相"、"四八相"、"大士相"、"大丈夫相"。是指转轮圣王及佛的应化身所具足之三十二种殊胜容貌

与微妙形相，与更微细隐密难见的"八十种好"合称"相好"。根据《三藏法数》，三十二相具体包括：一、足安平相，二、足千辐轮相，三、手指纤长相，四、手足柔软相，五、手足缦网相，六、足跟圆满相，七、足趺高好相，八、腨如鹿王相，九、手长过膝相，十、马阴藏相，十一、身纵广相，十二、毛孔青色相，十三、身毛上靡相，十四、身金光相，十五、常光一丈相，十六、皮肤细滑相，十七、七处平满相，十八、两腋满相，十九、身如狮子相，二十、身端正相，二十一、肩圆满相，二十二、口四十齿相，二十三、齿白齐密相，二十四、四牙白净相，二十五、颊车如狮子相，二十六、咽中津液得上味相，二十七、广长舌相，二十八、梵音清远相，二十九、眼色绀青相，三十、睫如牛王相，三十一、眉间白毫相，三十二、顶成肉髻相。

译文：

"我成佛之时，要使十方世界的一切众生在往生我的佛国净土后，都能具有紫磨真金色的不坏真身，都具有三十二种大丈夫相。国中全部众生的容貌端正，形色洁净，没有差别。如果国中众生的身容相貌有好坏、美丑的差别，我终不成佛。第三愿，身悉金色；第四愿，三十二相；第五愿，身无差别。

"我作佛时，所有众生，生我国者，自知无量劫时宿命，所作善恶，皆能洞视、彻听，知十方去来现在之事①。不得是愿，不取正觉。六、宿命通愿；七、天眼通愿；八、天耳通愿。

注释：

①"自知"四句：宿命，宿指宿世、过去世；命指生命、命运。宿命即一切众生在过去无数次的轮回中，曾经历的各式各样的生命形态。能够彻底了解宿命情况的，谓之"宿命通"，属于"六神通"之一。"六神通"包括：天眼通、天耳通、他心智通、宿命通、身如意通、漏尽通，本段经文即是介绍法藏誓愿一切众生要达到宿命通、天眼通、天耳通。天眼通指能彻见六道众生，死生苦乐之相以及世间一切远近粗细形色。天耳通指能听到障内障外六道众生苦乐忧喜以及远近粗细的一切语言与音声。

译文：

"我成佛之时，要使一切十方世界往生我佛国净土的众生，都能够自己知道自身过去无量劫中所造的一切善恶果报，对自己所行之善、所作之恶都能洞视、彻听，能知晓了解十方世界过去、将来、现在发生的所有事情。以上愿望如果不能得到实现，我终不成佛。第六愿，宿命通；第七愿，天眼通；第八愿，天耳通。

"我作佛时，所有众生，生我国者，皆得他心智通①。若不悉知亿那由他百千佛刹众生心念者②，不取正觉。九、他心通愿。

注释：

①他心智通："六神通"之一，指能如实了知他人心中所思所想的神通力。

②那由他：印度数量词。又作"那庚多"、"那由多"、"那术"、"那述"。大体上与中国所说的"亿"相当，古时亿又分为十万、百万、千万三等，所以佛经上的"那由他"所表示的数目也就不等，通常表示数目非常巨大。本段经文中的"亿那由他百千"则进一步形容数量多到无法计算。

译文：

"我成佛之时，要使所有一切往生我佛国净土的众生，都获得知晓无量无边佛刹众生心之所想的'他心智通'。假如我佛土中众生不能尽知无量无边佛刹众生的心念，我终不成佛。第九愿，他心通。

"我作佛时，所有众生，生我国者，皆得神通自在、波罗蜜多①。于一念顷，不能超过亿那由他百千佛刹，周遍巡历，供养诸佛者，不取正觉。十、神足通愿；十一、遍供诸佛愿。

注释：

①波罗蜜多：又作"波罗蜜"，意译为"到彼岸"、"度无极"、"事究竟"，简称为"度"。指自生死迷界的此岸而到达涅槃解脱的彼岸，通常指菩萨的修行而言，故有"六波罗蜜"即"六度"之说。有关"六度"，参见前注。

译文:

"我成佛之时,要使所有十方世界往生我佛国净土的众生,都能获得自在显现没有障碍的'自在神通',超达彼岸,没有障碍。如果在起念的一刹那,不能超抵无量无边佛国净土,周游遍巡诸佛国,供养众佛,我终不成佛。第十愿,神足通;第十二愿,遍供诸佛。

"我作佛时,所有众生,生我国者,远离分别,诸根寂静①。若不决定成等正觉,证大涅槃者②,不取正觉。十二、定成正觉愿。

注释:

①诸根寂静:"诸根"指眼、耳、鼻、舌、身、意六根。"寂静",脱离一切烦恼为"寂",杜绝一切苦患为"静"。六根寂静即是涅槃的本性。

②涅槃:意译为"灭度"、"寂灭"、"圆寂"等。"涅槃"原意是火的熄灭或风的吹散状态,佛教用指修证的最高境界,即经过修道,能够彻底地断除烦恼,具备一切功德,超脱生死轮回,入于"不生不灭"境界。其具体解释有很多,如:息除烦恼业因,灭掉生死苦果,生死因果全部灭尽,而人得度,故称"灭"或"灭度";众生流转生死,皆由烦恼业因,若息灭了烦恼业因,则生死苦果自息,故名为"寂灭"或"解脱";永不再受三界生死轮回,故名"不生";惑无不尽,德无不圆,故又称"圆寂",等等。

译文：

"我成佛之时，要使所有往生我佛国净土的众生，远离一切分别心，六根离烦杜患，清净安宁。若是不能决定成佛、契入涅槃实际理体，我终不成佛。第十二愿，定成正觉。

"我作佛时，光明无量，普照十方。绝胜诸佛，胜于日月之明千万亿倍。若有众生，见我光明，照触其身，莫不安乐，慈心作善，来生我国。若不尔者，不取正觉。十三、光明无量愿；十四、触光安乐愿。

译文：

"我成佛之时，要具足无尽无量的光明，普照十方上下一切处所。所放光明要绝对地胜过其他诸佛发出的光明，要胜过太阳和月亮的光明千万亿倍。一切见到我光明的众生，光芒照耀在他们身上的，莫不感到清净真实的极殊胜的身安心乐，自然会慈心行善，往生我佛国净土。以上愿望如果不能得到实现，我终不成佛。第十三愿，光明无量；第十四愿，触光安乐。

"我作佛时，寿命无量。国中声闻天人无数，寿命亦皆无量。假令三千大千世界众生^①，悉成缘觉，于百千劫，悉共计校^②，若能知其量数者，不取正觉。十五、寿命无量愿；十六、声闻无数愿。

注释:

①三千大千世界:佛经中说,以须弥山为中心,以铁围山为外郭,在同一日月照耀下的四大洲及其中的七山八海,称为一个小世界。其空间为自色界的初禅天至大地底下的风轮的范围,其间包括日、月、须弥山、四天王、三十三天、夜摩天、兜率天、乐变化天、他化自在天、梵世天等。积一千个这样的小世界,为一个"小千世界";积一千个"小千世界",为一个"中千世界";积一千个"中千世界",即为"大千世界"。此大千世界因由小、中、大三种千世界所集成,故称"三千大千世界"。按此推算,三千世界当包括十亿个小世界,而根据佛典,三千世界又是一佛所教化的领域,所以又称"一佛国"。

②计校(jiào):即计算度量。

译文:

"我成佛之时,寿命将无量无边。我佛国净土中的声闻、天人,他们的寿命也全都无量无边。假使三千大千世界的众生全都成为缘觉,用百千劫的时间来计算,他们的寿命与数量能够用数目来表示而非无量无边,我终不成佛。第十五愿,寿命无量;十六愿,声闻无数。

"我作佛时,十方世界无量刹中,无数诸佛,若不共称叹我名,说我功德国土之善者,不取正觉。十七、诸佛称叹愿。

译文：

"我成佛之时，那十方世界无量佛土中的无数众佛，若是不共同称颂我的名号，若是不共同演说我的功德和国土的善好，我终不成佛。第十七愿，诸佛称叹。

"我作佛时，十方众生，闻我名号，至心信乐，所有善根，心心回向①，愿生我国，乃至十念②。若不生者，不取正觉。唯除五逆③，诽谤正法。十八、十念必生愿。

注释：

①心心：意指心心相续、净念相继。回向：即回转趣向。意指回转自己所作的功德善根，趋向于所期望的目标。如趋向菩提至道，或趋向往生净土，或施与众生等。昙鸾《往生论注》卷下所谓："回向者，回己功德，普施众生，共见阿弥陀如来，生安乐国。"正与本段经文所言回向意思相同，即用自己一切功德，实现一切众生往生极乐世界的终极目标。

②十念：有几种含义，有指原始及部派佛教所倡行的十种禅法的，即十种专念一对象以摄心、息妄想的方法，又作"十随念"。根据《增一阿含经》卷一载，包括念佛、念法、念僧、念戒、念施、念天、念休息、念安般、念身非常、念死等十念。而本经所谓"十念"则专指净土宗的"称名十念"，即以十念阿弥陀佛名号即可往生弥陀净土，为净土宗的重要教义。关于这种意义上的"十念"，净土宗内部也有不同解释，据昙鸾《往生论注》卷上，观所谓"十念"，即是忆念阿弥陀佛的总相及别相，又称念其名号，

不掺杂他想而专心持续,可由此往生极乐净土,故有"不必具足十念"之说。善导则将"十念"解释为连续称念阿弥陀佛名号十次即可往生极乐世界。而关于称念佛名的"念"也有不同解说,有的认为每称念"南无阿弥陀佛"六字一次,即称为一念,而有的则认为一口气连声称念阿弥陀佛不断,如此每一口气结束,称为"一念",如此十口气称为"十念"。

③五逆:有大乘和小乘之别。小乘五逆是指杀父、杀母、杀阿罗汉、破和合僧、出佛身血这五种重罪,任犯其中一种,即堕无间地狱,故又名"无间业"。大乘五逆则指:(1)破坏塔寺,烧毁经像,夺取三宝之物;或教唆他人行这些事,而心生欢喜。(2)毁谤声闻、缘觉以及大乘法。(3)妨碍出家人修行,或杀害出家人。(4)犯小乘五逆罪之一。(5)主张所有皆无业报,而行十不善业;或不畏后世果报,而教唆他人行十恶等。《观无量寿经》中认为,犯五逆十恶重罪者,如在临终时遇到胜缘,也能往生极乐世界,而本经则认为五逆是被排除在往生净土可能性之外的。对此,有人解释为五逆仍可往生,但如果不仅身犯五逆重罪,还"诽谤正法",则决定不能往生。也有不同解释,如善导认为,本经所谓五逆谤法不得往生,只是体现佛陀止恶扬善之意,属于方便之说。

译文:

"我成佛之时,十方世界的所有众生听到我的名号,发起至诚无上的信受之心和乐意往生之心,并将所种一切善根,以至诚至纯之心,念念相续地回向发愿求生我佛国净土,乃至在临终前仅仅称念十句佛号亦得往生我佛国净土。若众生依此而行不得往生,我终不成佛。唯独那些犯了五逆之罪还诽谤佛法的人,不得往生。第十八愿,十念必生。

"我作佛时,十方众生,闻我名号,发菩提心,修诸功德,奉行六波罗蜜,坚固不退。复以善根回向,愿生我国。一心念我,昼夜不断。临寿终时,我与诸菩萨众迎现其前,经须臾间,即生我刹,作阿惟越致菩萨^①。不得是愿,不取正觉。十九、闻名发心愿;二十、临终接引愿。

注释:

①阿惟越致:音译又作"阿鞞跋致"、"阿毗跋致",意译为"不退转"。指在修行佛道的过程中,不退失既得的功德。是菩萨的阶位名,要经过一大阿僧祇劫的修行,才能到达此位。

译文:

"我成佛之时,十方世界的所有众生听到我的名号,发起殊胜的菩提心,精勤修行种种功德,奉行布施、持戒、忍辱、精进、禅定、般若六度,坚定不移,永不退转。然后用自己所修的一切善根回向发愿求生我佛国净土。专一其心,持念佛号,昼夜不断。在他临终之时,我与净土中的诸菩萨们便会一齐出现在这人之前,接引他往生,片刻之间,此人就得以往生我的佛国净土,成为圆满证得'位'、'行'、'念'三不退转的阿惟越致大菩

萨。以上愿望如果不能得到实现,我终不成佛。<small>第十九愿,闻名发心;第二十愿,临终接引。</small>

"我做佛时,十方众生,闻我名号,系念我国,发菩提心,坚固不退,植众德本,至心回向,欲生极乐,无不遂者。若有宿恶,闻我名字,即自悔过,为道作善,便持经戒,愿生我刹,命终不复更三恶道,即生我国。若不尔者,不取正觉。二十一、悔过得生愿。

译文:

"我成佛之时,十方世界的所有众生听闻我的名号,就至心向往,一心想念我的佛国净土,生发菩提心,坚定不移,永不退转,培植众德的根本,劝修种种功德,广种善根,并用至诚至纯之心来回向,发愿求生我佛国净土,没有不顺遂心愿的。如果有人在过去多生直到今世所造下极重恶业,听闻我的名号,能立刻悔改过失,誓不再犯,重归正道,广行善事,奉持经教,遵行戒律,发愿往生我的佛国净土,就能在命终之后不再堕于三恶道中,立即往生我的佛国净土。若此誓愿不得实现,我终不成佛。<small>第二十一愿,悔过得生。</small>

"我作佛时,国无妇女。若有女人,闻我名字,得清净信,发菩提心,厌患女身,愿生我国,命终即化男子,来我刹土。十方世界诸众生类,生我国者,皆于七宝池莲华中化生①。若不尔者,不取正觉。二十二、国无女人愿;二十三、厌女转男愿;二十四、莲华化生愿。

注释:

①莲华:即莲花。化生:佛教所谓"四生"之一,即无所依托,借业力而出生。凡化生者,不缺诸根支分,死亦不留其遗形,即所谓顿生而顿灭,故于四生中属最胜之生。所谓"四生"是指胎生、卵生、湿生、化生。胎生是在母胎内成体之后才出生的生命,如人类;卵生是在卵壳内成体之后才出生的生命,如鸟类;湿生是依靠湿气而受形的生命,如虫类;诸天和地狱以及劫初的人类属于化生。本段所谓"于七宝池莲华中化生",特指超于胎卵湿化四生的化生,即不需要父母,不需要外缘,就是只需往生者的功德和弥陀的愿力相应,就自然化现而有身。

译文:

"我成佛之时,我的佛国净土中没有妇女。如果有女人听闻到我的名号,能生清净无染、无疑无垢、远离烦恼过恶的信心,发菩提心,厌恶女身,发愿求生我佛国净土,那么,在命终时,能立即化身为男子,往生我的佛国净土。十方世界的种种众生,往生我的佛国净土者,都能在七宝池的莲花中化生。若此誓愿不得实现,我终不成佛。第二十二愿,国无女人;第二十三愿,厌女转男;第二十四愿,莲花化生。

"我作佛时,十方众生,闻我名字,欢喜信乐,礼拜归命,以清净心,修菩萨行,诸天世人,莫不致敬。若闻我名,寿终之后,生尊贵家,诸根无缺,常修殊胜梵行①。若不尔者,不取正觉。二十五、天人礼敬愿;二十六、闻名得福愿;二十七、修殊胜行愿。

注释:

①梵行:指清净无欲、持戒断淫之行。"殊胜梵行"在此特指念佛法门。

译文:

"我成佛之时,十方世界的一切众生,听闻到我的名号,生出欢喜信乐之心,虔诚礼拜皈依,以无垢无染的清净之心,修习六度四摄自觉觉他的菩萨行,种种天界以及世间有情,无不对他礼敬有加。十方世界的一切众生,听闻到我的名号,则在其寿终之后,即使没有发愿往生,也可转生到尊贵人家,得眼、耳、鼻、舌、身、意六根不残不缺的福德果报,又能时时勤修清净离欲的殊胜之行。若上述誓愿不得实现,我终不成佛。第二十五愿,天人礼敬;第二十六愿,闻名得福;第二十七愿,修殊胜行。

"我作佛时,国中无不善名。所有众生,生我国者,皆同一心,住于定聚①,永离热恼②,心得清凉,所受快乐,犹如漏尽比丘③。若起想念④,贪计身者,不取正觉。二十八、国无不善愿;二十九、住正定聚愿;三十、乐如漏尽愿;三十一、不贪计身愿。

注释:

①定聚:即正定聚,佛教所谓"三聚"(正定聚、邪定聚、不定聚)之一,"正定聚"是指一定可以证悟的一类众生;"邪定聚"是指毕竟不能证悟的一类众生;"不定聚"是指介于正邪之间,可能证悟也可能不证悟的一类众生。

②热恼:因极端痛苦,而使身心焦热苦恼。

③漏尽比丘:"漏"即烦恼,"漏尽比丘"是指断尽烦恼,证得阿罗汉果位的比丘。

④起想念:生起分别、执着之心。

译文:

"我成佛之时,我佛国净土之中没有不善的名称。所有往生我佛国净土的众生,都同心向善,住于必定成佛不退转的正定之聚,永远不会有遍体如烧、心中如焚的苦恼,心境清凉爽快,其乐无比,如同断尽诸漏烦恼的阿罗汉。如果我的佛国净土中还有人生分别、执着之心,贪求留恋、执着计较自己的色身,我终不成佛。第二十八愿,国无不善;第二十九愿,住正定聚;第三十愿,乐如漏尽;第三十一愿,不贪计身。

"我作佛时,生我国者,善根无量,皆得金刚那罗延身①,坚固之力。身顶皆有光明照耀,成就一切智慧。获得无边辩才,善谈诸法秘要,说经行道,语如钟声。若不尔者,不取正觉。三十二、那罗延身愿。三十三、光明慧辩愿;三十四、善谈法要愿。

注释：

①金刚：即金中最刚之义。因其坚固、锐利，故能摧毁一切，且非万物所能破坏。佛教中经常用来比喻佛法坚固能摧毁一切。亦指"力士"，或手持金刚杵的护法天神。中国寺院中的四大天王像，俗称"四大金刚"。那罗延：印度古代神祇，意译为"坚固力士"、"那罗天"、"那罗延金刚"、"那罗延力执金刚"、"钩锁力士"、"金刚力士"、"人中力士"，或单称"力士"。据《慧琳音义》卷六称，那罗延为欲界诸天之一，是神力的象征，欲求神力之人承事供养，如果精诚祈祷，即可多获神力。关于其形像，《慧琳音义》卷四十一云："此天多力，身缘金色，八臂，（乘）金翅鸟王，手持斗轮及种种器杖，每与阿修罗王战争也。""金刚那罗延身"是指佛的金刚不坏、雄猛有力之身。

译文：

"我成佛之时，往生我佛国净土的一切众生，皆具无量善根，都得到那罗延金刚的金刚不坏之身，具有坚牢无比的力量。身上头顶皆有光明照耀，具足成就圆满智慧，具有无边无碍、善巧说法的才能，能够契理契机地演说诸多佛法的秘义奥旨，行道说经时，声若洪钟，震破愚迷，清醒觉心。若上述誓愿不得实现，我终不成佛。第三十二愿，那罗延身；第三十三愿，光明慧辩；第三十四愿，善谈法要。

"我作佛时，所有众生，生我国者，究竟必至一生补处①。除其本愿，为众生故。被弘誓铠，教化一切有情，皆发信心,修菩提行,行普贤道。虽生他方世界,永离恶趣。或乐说法,或乐听法,或现神足,随意修习,无不圆满。若不尔者,不取正觉。三十五、一生补处愿;三十六、教化随意愿。

注释:

①一生补处:略称"补处",原为"最后之轮回者"之义,即经过此生,来生决定可在世间成佛。所以"一生补处"也指菩萨的最高位——等觉菩萨。一般认为,弥勒为一生补处菩萨,据《弥勒上生经》等记载,弥勒菩萨现居于兜率天内院,待此生尽,则下生于人间,以补释迦牟尼之佛位。此词又作"一生所系",即指仅此一生被系缚于迷界,来生即可成佛。

译文:

"我成佛之时,所有往生我佛国净土的众生,都能究竟证得一生补处等觉菩萨果位,决定一生成佛。除非他们愿意为了实现本愿,以宏深誓愿为铠甲,降临种种秽土,教化一切有情众生,使众生都能生发信奉佛教的清净信心,修习觉悟成佛之道,践行普贤由愿导行、自觉觉他之道。这些菩萨示现于他方世界、生死海中,也永远不会堕于畜牲、恶鬼、地狱等恶趣。他们或示现说法者之身,或示现听法者之身,或示现神足通等神通,无论以何种身份、方式修行教化,无不成就圆满。若上述誓愿不得实现,我终不成佛。第三十五愿,一生补处;第三十六愿,教化随意。

"我作佛时，生我国者，所须饮食、衣服、种种供具①，随意即至，无不满愿。十方诸佛，应念受其供养。若不尔者，不取正觉。三十七、衣食自至愿；三十八、应念受供愿。

注释：

①供具：指用来供养佛菩萨或佛、法、僧三宝的物品，常用共有六种，即花、涂香、水、烧香、饭食、灯明等，分别象征布施、持戒、忍辱、精进、禅定、般若等六度。后世把供在佛前的香、华、灯明、饮食等，称为"供物"，而专门盛放供物的器具则称为供具。佛教中，供奉衣服、饮食、卧具、汤药等，称为"四事供养"。供以花、香、璎珞、末香、涂香、烧香、缯盖、幢幡、衣服、伎乐等，称为"十种供养"。

译文：

"我成佛之时，往生我佛国净土的一切众生，所需要的饮食、衣服以及供佛所需的种种供物，随其意欲想念而即刻自然出现于前，无不满足于他们的愿望。供养十方世界的无量诸佛，也只在一念发动的刹那之间。若上述誓愿不得实现，我终不成佛。第三十七愿，衣食自至，第三十八愿，应念受供。

"我作佛时，国中万物，严净光丽，形色殊特，穷微极妙，无能称量。其诸众生，虽具天眼，有能辨其形色、光相、名数，及总宣说者，不取正觉。三十九、庄严无尽愿。

译文：

"我成佛之时，我佛国净土中的一切万物，都庄严清净，光鲜亮丽，形状、色彩无不殊胜奇特，精妙至极，难以言表。在我佛国净土中的一切众生，即使都具有了'天眼'的神通，但如果居然有人能辨识这些殊特微妙之物的形貌、色彩、光泽、相状、名称、数量，甚至能将其形色、光相、名数全部宣说出来，我终不成佛。第三十九愿，庄严无尽。

"我作佛时，国中无量色树，高或百千由旬①，道场树高四百万里②。诸菩萨中，虽有善根劣者③，亦能了知。欲见诸佛净国庄严，悉于宝树间见，犹如明镜，睹其面相。若不尔者，不取正觉。四十、无量色树愿；四十一、树现佛刹愿。

注释：

①由旬：又作"瑜阇那"、"瑜膳那"、"俞旬"、"由延"等。为印度计算里程单位。原意指公牛挂轭行走一日的路程，另据《大唐西域记》卷二载，一由旬指帝王一日行军的距离。有关由旬的实际长度有各种不同说法，大概在三十里至六十里之间，但说四十里为一由旬者居多。

②道场：广义的道场是指一切修行佛道的场所；狭义则指中印度菩提伽耶的菩提树下的金刚座上佛陀成道之处。本段经文

提及的"道场"专指阿弥陀佛讲经说法的场所。由于释迦牟尼于菩提树下的金刚座成佛，所以又把菩提树称为"道场树"。

③善根劣者：善根较为低下者，此处应指本经第二十四"三辈往生品"中的所谓"下辈往生"者。

译文：

"我成佛之时，在我佛国净土中有无尽无量色彩缤纷的宝树，高达数百由旬乃至数千由旬，更为殊胜的菩提树则高达四百万里。我佛国净土中的诸菩萨中，虽然有些善根较差，也能够了知这些宝树的功德庄严。要想看到十方诸佛种种国土的清净庄严，只需从宝树之间观看便能一览无遗，就像通过明洁的镜子，看到自己的面容一般清楚。若上述誓愿不得实现，我终不成佛。第四十愿，无量色树；第四十一愿，树现佛刹。

"我作佛时，所居佛刹，广博严净，光莹如镜，彻照十方无量无数、不可思议诸佛世界。众生睹者，生希有心。若不尔者，不取正觉。四十二、彻照十方愿。

译文：

"我成佛之时，我所居住的佛国净土广阔无边，庄严清净，如明镜一般彻亮晶莹，能遍照十方无边无量不可思议多的诸佛世界。十方世界一切众生，如能见到这种遍照十方世界不可思议的功德之相，必定生起无上殊胜稀有的菩提心。若此愿不得成就，我终不成佛。第四十二愿，彻照十方。

"我作佛时,下从地际,上至虚空,宫殿、楼观、池流、华树,国土所有一切万物,皆以无量宝香合成。其香普薰十方世界,众生闻者,皆修佛行。若不尔者,不取正觉。四十三、宝香普熏愿。

译文:

"我成佛之时,我那佛国净土当中,从地上到天空,彻上彻下,无论宫殿、楼观、池塘、溪流、花草、树木以及所有一切万物,全部都由无尽无量种类的宝香合成。其香遍熏十方诸佛世界,十方世界的众生只要闻到这些香味,必然全都修学佛所教导的种种殊胜清净之行。若此愿不得成就,我终不成佛。第四十三愿,宝香普熏。

"我作佛时,十方佛刹,诸菩萨众,闻我名已,皆悉逮得清净、解脱、普等三昧①。诸深总持②,住三摩地,至于成佛。定中常供无量无边一切诸佛,不失定意③。若不尔者,不取正觉。四十四、普等三昧愿;四十五、定中供佛愿。

注释:

①逮得:随即证得。清净:即清净三昧,指六根清净无染,远离一切执着而得自在的境地。解脱:即解脱三昧,指脱离一切烦恼缠缚而得自在的境地。普等三昧:"普"就是普遍,"等"

就是平等,意指同时普见一切诸佛的三昧。

②总持:参前"陀罗尼"注释。

③不失定意:即随时保持清净心,不为外境所转,这是八地菩萨以上才有的境界。

译文:

"我成佛之时,十方诸佛世界的一切菩萨,只要听到我的名号,就能立即证得清净三昧、解脱三昧、普等三昧。得到种种甚深陀罗尼,安住于正定,最后功德圆满,成就佛果。还能在住于正定中时时供养十方无量无边的一切诸佛,且不失定意。若上述誓愿不得实现,我终不成佛。第四十四愿,普等三昧;第四十五愿,定中供佛。

"我作佛时,他方世界,诸菩萨众,闻我名者,证离生法①,获陀罗尼,清净欢喜,得平等住②,修菩萨行,具足德本。应时不获一二三忍③,于诸佛法,不能现证不退转者,不取正觉。"四十六、获陀罗尼愿;四十七、闻名得忍愿;四十八、现证不退愿。

注释:

①离生法:永远出离三界生死轮回之法。

②平等住:远离高下、深浅、大小、亲疏、智愚、迷悟种种差别执着,是浅层次的平等。进而言之,则真如周遍,万法一如,心、佛、众生,三无差别,安住于真如实相、如来正觉中,于一切

万法不起分别,则是真实的"平等住"。

③一二三忍:"忍"有忍耐、安忍两层意思,即忍耐不如意的环境而不生嗔恚的心,安忍即心安住于理而不动摇。本经此处"忍"应为安忍之意。本段经文没有对三忍的具体名称作进一步解说,因而佛教内部历来众说纷纭,有的认为是《仁王经》所说"五忍"的前三忍,即"伏忍"、"信忍"和"顺忍",有的认为是"伏忍"中的下中上三忍,善导认为一是喜忍,即念阿弥陀佛而生欢喜心者,二是悟忍,即念阿弥陀佛而悟解真理者,三是信忍,即念阿弥陀佛而心生正信者。当然,更多的人认为,应参照本经第十五"菩提道场"品来解释"一二三忍",即该品中提出,往生极乐世界的人,都能听闻七宝树林发出的音声而得三种法忍,即音响忍、柔顺忍和无生法忍,愿文中的"一二三忍"也应是指如上三忍。

译文:

"我成佛之时,他方世界的众位菩萨,只要听到我的名号,就能证得永离六道生死之法,获得陀罗尼,安住于诸法实相,离垢无染,欢喜愉悦,入无差别境界,修菩萨行,具足一切佛果功德的根本。如果(听到我的名号)不能立刻获得音响忍、柔顺忍乃至无生法忍,在修持诸种佛法过程中,如果(听到我的名号)不能立刻圆满证得三不退转以成正觉的果位,我终不成佛。"

第四十六愿,获陀罗尼;第四十七愿,闻名得忍;第四十八愿,现证不退。

必成正觉第七

本品承接上一品,进一步以偈颂形式展开"四十八大誓愿",所以可以视为上一品的总结。如果说"发大誓愿"是因,"必成正觉"则是其果。所谓"必成正觉",即是必定证得无上菩提、无上正等正觉,必定成就佛果。"我建超世志,必至无上道。斯愿不满足,誓不成等觉"开头四句,可谓"四十八大愿"的基本纲骨。当然,大乘佛教的宗旨,在于自度度人,法藏"必成正觉"的偈颂,同样不仅追求自身成佛,更要立誓普度众生,出离三途恶道,成就圆满佛果。所以本品偈颂反复申说此意,如:"复为大施主,普济诸穷苦;令彼诸群生,长夜无烦恼","亦以大悲心,利益诸群品……消除三垢冥,明济众厄难。悉舍三涂苦,灭诸烦恼暗。开彼智慧眼,获得光明身",等等。而后面一句"圆满昔所愿,一切皆成佛",更是将使一切众生成佛作为其宏深誓愿的终极目标,尤其体现了弥陀净土思想的独特之处。

佛告阿难:"尔时法藏比丘说此愿已,以偈颂。"曰:
　　我建超世志,必至无上道。
　　斯愿不满足,誓不成等觉①。
　　复为大施主②,普济诸穷苦。
　　令彼诸群生,长夜无忧恼。
　　出生众善根,成就菩提果。

我若成正觉,立名无量寿。

众生闻此号,俱来我刹中。

如佛金色身,妙相悉圆满。

亦以大悲心,利益诸群品③。

离欲深正念,净慧修梵行。

愿我智慧光,普照十方刹。

消除三垢冥④,明济众厄难。

悉舍三途苦,灭诸烦恼暗。

开彼智慧眼,获得光明身。

闭塞诸恶道,通达善趣门。

为众开法藏,广施功德宝。

如佛无碍智,所行慈愍行。

常作天人师,得为三界雄⑤。

说法师子吼⑥,广度诸有情。

圆满昔所愿,一切皆成佛。

斯愿若克果,大千应感动。

虚空诸天神,当雨珍妙华⑦。

佛告阿难:"法藏比丘,说此颂已,应时普地六种震动⑧,天雨妙华,以散其上,自然音乐空中赞言:决定必成无上正觉。"

注释:

①等觉:无上正等正觉,也可以释为佛的十大名号之一。

②施主:音译"檀越"、"陀那钵底"、"陀那婆",又作"布施家"。即施予僧众衣食,或出资举行法会等的信众。据《增一阿含经》卷二十四称,施主惠施有五功德,即:(一)名闻四远,众人叹誉。(二)若至众中,不怀惭愧,亦无所畏。(三)受众人敬仰,见者欢悦。(四)命终之后,或生天上,为天所敬;或生人中,为人尊贵。(五)智慧远出众人之上,现身漏尽,不经后世。这里所谓的"大施主"则专指在世间示现作佛,给予一切众生究竟圆满的"财"、"法"、"无畏"三种布施,并最终能普度众生出离苦海,闻名得度,往生净土的阿弥陀佛。

③诸群品:"品"是品类。"诸群品"指上自等觉菩萨,下至地狱畜牲的一切众生。

④三垢冥:"三垢"就是贪、瞋、痴三毒。"冥"即无明,没有真实智慧,不明宇宙人生真相,为一切烦恼痛苦的根源。

⑤三界雄:对佛的另一种尊称,以佛为三界中的大雄,可折伏一切魔障。

⑥师子吼:又作"狮子吼"。即指如来说法能灭一切戏论、破各种异见,犹如狮子王咆吼,百兽悉皆慑伏。狮子为百兽之王,佛亦为人中至尊,称为"人中狮子",故用此譬喻。又譬喻当佛说法时,菩萨起勇猛心求菩提,因而外道、恶魔生怖畏;犹如狮子吼时,小狮子亦增威,百兽怖伏。还譬喻佛在大众中演说佛法,心中毫无怖畏,好像狮子咆吼。

⑦雨(yù):由空中如雨降下。华:即花。

⑧六种震动：指大地震动的六种相状，又作"六变震动"、"六反震动"，略称"六震"、"六动"。《大品般若经》卷一依地动的方向，举出东涌西没、西涌东没、南涌北没、北涌南没、边涌中没、中涌边没等六相。《华严经》卷十六、《广博严净不退转轮经》卷一等则举出动、起、涌、震、吼、击（摇）等六相。《长阿含经》卷二又有："一佛入胎时，二出胎时，三成道时，四转法轮时，五由天魔劝请将舍性命时，六入涅槃时"，大地震动之说，后被称为"六缘地动"，以配合"八相成道"说，即佛陀在入胎，出胎，出家，成道，转法轮，入灭之时，大地震动。总之，这里所提及的种种震动，皆非地震一类的灾难，而属于预示吉祥的祥瑞，故震动不仅不会带来惊恐，反而会使人愉悦安乐。

译文：

释迦牟尼佛告诉阿难说："那时，法藏比丘说完以上誓愿之后，又用偈颂表达自己的心愿。"偈颂是：

我建超世志，必至无上道。

斯愿不满足，誓不成等觉。

复为大施主，普济诸穷苦。

令彼诸群生，长夜无忧恼。

出生众善根，成就菩提果。

我若成正觉，立名无量寿。

众生闻此号，俱来我刹中。

如佛金色身，妙相悉圆满。

亦以大悲心，利益诸群品。

离欲深正念,净慧修梵行。

愿我智慧光,普照十方刹。

消除三垢冥,明济众厄难。

悉舍三涂苦,灭诸烦恼暗。

开彼智慧眼,获得光明身。

闭塞诸恶道,通达善趣门。

为众开法藏,广施功德宝。

如佛无碍智,所行慈愍行。

常作天人师,得为三界雄。

说法师子吼,广度诸有情。

圆满昔所愿,一切皆成佛。

斯愿若克果,大千应感动。

虚空诸天神,当雨珍妙华。"

释迦牟尼对阿难说:"法藏比丘刚说完上述偈颂,果真立刻有瑞相产生:大地出现动、起、涌、震、吼、摇六种震动,天空中种种妙花,纷纷扬扬如雨而降,上空自然响起妙曼的音乐,似乎在赞说:'法藏比丘定能成就无上正觉。'"

积功累德第八

　　任何美好的愿望都必须落实到实现愿望的行动,本品即是针对此前几品法藏所发誓愿,而进一步言其如何落实到行动的问题,这就是所谓的"积功累德"。法藏比丘发愿之后,便安住于真实智慧之中,勇猛无畏,精进修持,心志专一地庄严自己的净妙国土,这是"积功累德"的总纲。

　　具体而言,他心中不生贪、嗔、痴三毒,不执着色、声、香、味、触、法等六尘,一心所乐只是忆念过去诸佛所修的功德善根。他深入无上寂静以入无余涅槃的妙行,远离一切恶事之根本的虚妄。他不计较各种修行中的艰苦,清心寡欲,安乐自足,一心专求善法,普遍平等地利乐众生。他对于一切有情众生,常以慈悲、安忍为怀,善于护持身、口、意三业,不断地以布施、持戒、忍辱、精进、禅定、般若六度教导度化众生,等等。正是因为以上种种积功累德的因缘,所以能使无量无数众生,都发阿耨多罗三藐三菩提心,获得真实之利。

　　"阿难,法藏比丘于世自在王如来前,及诸天人大众之中,发斯弘誓愿已,住真实慧①,勇猛精进,一向专志庄严妙土。所修佛国,开廓广大,超胜独妙,建立常然②,无衰无变。

注释:

①真实慧:与真如实相相应、超情离妄、显现本真的智慧。

②建立常然:一经建立,便永远不会衰退改变,自然永恒。

译文:

"阿难,法藏比丘在世间自在王如来前,以及在诸天神人一切众生之中,发下以上宏大深广的誓愿后,安住于真实智慧之中,勇猛无所畏惧,精进修持,心志专一地庄严自己的净妙国土。其所修行成就的佛国净土,开通无碍,广大无边,殊胜超众,微妙无比,一经建立,永劫常然,不会衰减也不会变化。

"于无量劫,积植德行,不起贪瞋痴欲诸想,不著色声香味触法,但乐忆念过去诸佛所修善根①。行寂静行②,远离虚妄。依真谛门③,植众德本,不计众苦,少欲知足,专求白法④,惠利群生。志愿无倦,忍力成就⑤。

注释:

①忆念过去诸佛:忆,忆持不忘之义;念,明记不忘之义。深刻于心内,记忆而不忘失,称为"忆念"。一般系指念念不忘佛陀或诸佛之功德而言,忆念佛德,以求报答;忆念佛之所行,并依佛而行;忆念佛之所证,并依佛之所证。

②寂静行:是自行化他,为人演说,心里不起妄想分别,外不着六尘境界,内不起心动念的心行。它是如来所行的究竟清净的灭度法,也是诸大菩萨趋入无余涅槃的妙行。

③真谛:"二谛"之一,又名"胜义谛"、"第一义谛",即圣智所见的真实理性。离诸虚妄,故云"真",其理永恒不变,故云"谛"。真谛与俗谛相对,顺凡俗迷情之法,称"俗谛",或"世谛"。

④白法:即善法。古印度人用黑白代表善恶。《大乘义章》云:"善法鲜净,名之为白。"

⑤忍力:是指"六度"中忍辱度的力用。法住认为忍有三种:(一)安苦忍,对于世间违缘的事,能忍,能受。(二)他不饶益忍,对于别人违害损伤自己,也能忍受。(三)法思维忍,对于一切法远离分别,安住自在。三种都能成就,称为"忍力成就"。

译文:

"在无数大劫的时间内,法藏比丘积累培植种种具足功德之行,心中不生贪、瞋、痴三毒等种种欲念,不执着色、声、香、味、触、法等六尘,一心所乐只是忆念过去诸佛所修的功德善根。他深入无上寂静以入无余涅槃的妙行,远离一切恶事之根本的虚妄。以第一义谛的法门,勤修万德的根本。在积功修行中,他不计较执着各种修行中的艰苦,清心寡欲,安乐自足,一心专求清白善法,普遍平等地利乐众生。对其所发圆满宏深的诸大誓愿,没有丝毫厌倦,以坚忍之力去促进其修行圆满。

"于诸有情,常怀慈忍,和颜爱语,劝谕策进。恭敬三宝①,奉事师长,无有虚伪谄曲之心②。庄严众行③,轨范具足④。观法如化⑤。三昧常寂。善护口业,不讥他过；善护身业，不失律仪；善护意业，清净无染。

注释：

①三宝：指为佛教徒所尊敬供养的佛宝、法宝、僧宝，又作"三尊"。佛指觉悟人生之真象，而能教导他人的一切诸佛；法为根据佛陀所悟而向人宣说的教法；僧指修学教法的佛弟子众。以上三者，威德至高无上，永不变移，如世间之宝，故称"三宝"。

②谄（chǎn）曲："谄"是讨好巴结，"曲"是歪曲事实。

③众行：指六度万行等一切行止。

④轨范：轨则、范导。

⑤观法如化：用般若智慧观照世间一切万物，皆无自性，犹如梦幻泡影，幻化不真。

译文：

"法藏比丘对于一切有情众生，常以慈悲、安忍为怀，和颜悦色，劝导鞭策，以使上进。恭敬佛、法、僧三宝，敬养服侍教师长辈，完全没有虚情假意、阳奉阴违、阿谀谄曲之用心。用福德与智慧来庄严自己的六度万行，言传身教，皆成轨则范导。所观所照，一切诸法，皆同幻化，无可执着，绝除名相，没有烦恼，不生不灭，住于常寂甚深三昧。善于护持口业，从不讥讽谴责他人之过失；善于护持身业，从不违背冒犯戒律仪轨；善于护持意业，从不妄起分别执着之心，内心清净而无垢染。

"所有国城、聚落、眷属、珍宝,都无所著,恒以布施、持戒、忍辱、精进、禅定、智慧,六度之行,教化安立众生,住于无上真正之道。

译文:

"法藏比丘对于所有世间国家城池、聚落村寨、家亲眷属、金银珠宝都无所贪恋执着,时时不断地以布施、持戒、忍辱、精进、禅定、智慧六度教导度化众生,转恶为善,安住正道,建立大心,安住在无上真正之道,安住于涅槃道果。

"由成如是诸善根故,所生之处,无量宝藏,自然发应。或为长者居士,豪姓尊贵,或为刹利国王①,转轮圣帝②,或为六欲天主③,乃至梵王④。于诸佛所,尊重供养,未曾间断。如是功德,说不能尽。身口常出无量妙香,犹如栴檀、优钵罗华⑤,其香普薰无量世界。随所生处,色相端严,三十二相,八十种好,悉皆具足。手中常出无尽之宝,庄严之具,一切所须,最上之物,利乐有情。由是因缘,能令无量众生皆发阿耨多罗三藐三菩提心。"

注释:

①刹利:印度四种姓之一,为"刹帝利"的略称,意译"土田主"。即国王、大臣等统御民众、从事兵役的种姓,所以也称"王

种"。其权势颇大，阶级仅次于婆罗门，属于世俗统治者阶层。释迦牟尼即出身此一种姓。

②转轮圣帝：音译为"遮迦罗跋帝"、"遮加越"，意译为"转轮王"、"转轮圣王"、"轮王"、"飞行转轮帝"、"飞行皇帝"。即旋转转轮宝之王，是佛教政治理想中之统治者。传说转轮王拥有轮、象、马、珠、女、居士、主兵臣等七宝，具足长寿、无疾病、容貌出色、宝藏丰富等四德，统一须弥四洲，以正法御世，其国土丰饶，人民和乐。

③六欲天主：即欲界六天之主。欲界六天分别是：四王天、忉利天、夜摩天、兜率天、化乐天以及他化自在天。欲界六天的共同特质是仍有欲乐。其中，四王天在须弥山的山腰，忉利天在须弥山顶，因两者皆依山而住，故名"地居天"，其余诸天则住于虚空密云之上，称"空居天"。

④梵王：即大梵天王，为色界初禅天之王，这里代指色界十八天之王。

⑤栴(zhān)檀：一种印度名贵香木，因有治病疗疾之效，又译为"与乐"。优钵罗华：花名。又作"乌钵罗"、"沤钵罗"、"优钵刺"，意译"青莲花"、"黛花"、"红莲花"。

译文：

"由于成就了如上所述的功德善根，法藏比丘转世投生之地，就会有无数的宝藏感通化现，自然开发。他或转世为年高财富的长者，或转世为守道自恬的在家居士，或转世为名门望族高官显贵，或转世为刹帝利种姓王侯之家，或转世为四洲之主的转轮圣帝,或转世为欲界六天的六天之王,乃至转世为色界诸天的大梵天王。每生每世,均到诸佛住所,尊重礼敬,诚心供养,永不间断。他所作的功德,无量无边,难以言尽。法藏比丘身体和口中时时发出无量奇妙的异香,其香如同栴檀(柱香)和优钵罗花(青、红莲花),其香遍熏于无量无边诸世界。法藏比丘无论转生于何处,都色相端正而威严,圆满具足三十二种大人相、八十种随行好。他手中随时能出无尽无量的宝物,用以庄严、供养诸佛的一切器具、一切世间稀有的无上妙宝,概莫能外地普作饶益,利乐有情。由于以上种种积功累德的因缘,能使无量无尽的有情众生,都能生发求取无上正等正觉的求道之心。"

圆满成就第九

本经从第四品至第八品，都在介绍法藏比丘于因地所发大愿以及为此誓愿得以实现而进行的积功累德的功行。从本品开始，则是对其果德圆满成就的阐说。本品首先通过释迦牟尼佛之口赞颂了法藏因圆果满，接着又对阿弥陀佛及其佛国净土的基本属性作了简要介绍，认为阿弥陀佛决非俗常所谓过去佛、现在佛、未来佛之类的概念所能概括，其佛国净土称为"极乐世界"，位于西方距离我们居住的南赡部洲百千十万亿之多的佛国之外。

佛告阿难："法藏比丘，修菩萨行，积功累德，无量无边。于一切法，而得自在，非是语言分别之所能知。所发誓愿，圆满成就。如实安住，具足庄严，威德广大，清净佛土。"

译文：

释迦牟尼佛对阿难说："法藏比丘，修菩萨所修六度万行，所积累的种种功德，无量无边。他对于世间出世间的一切所有种种的法，都通达自在，没有障碍，这种自在无碍的境界决非常人言语逻辑所能表达、晓知。他所发下的宏深誓愿，全部圆满成就。他所建佛国净土，殊胜妙乐，安住于诸法实相，果真是具足了一切庄严、威德、广大无际的清净佛土。"

阿难闻佛所说,白世尊言:"法藏菩萨成菩提者,为是过去佛耶? 未来佛耶? 为今现在他方世界耶?"

译文:
阿难听到释迦牟尼佛的这番话后,又向他禀白道:"法藏修菩萨道成就了大觉佛果,那他是过去佛? 将来佛? 还是现今示现在他方世界的佛呢?"

世尊告言:"彼佛如来①,来无所来,去无所去,无生无灭,非过现未来。但以酬愿度生②,现在西方,去阎浮提百千俱胝那由他佛刹③,有世界名曰极乐。法藏成佛,号阿弥陀。成佛以来,于今十劫,今现在说法,有无量无数菩萨、声闻之众,恭敬围绕。"

注释:
①彼佛如来:即指阿弥陀佛。
②酬愿:实现他过去所发的四十八大誓愿。
③阎浮提:即南赡部洲,指我们所住的娑婆世界。"阎浮"是树名,译为赡部,因为此洲的中心,有阎浮树的森林,因此称为赡部洲。赡部洲位于须弥山以南,故又称"南赡部洲"。古代印度认为,须弥山为世界中心,四周环海,海中有四大部洲,即在须弥山东边的叫"东胜身洲",南边的叫"南赡部洲",西边的

叫"西牛货洲",北边的叫"北俱卢洲"。

译文:

世尊告诉他说:"这个佛如来,法身遍一切处,来无所从来,去无所从去,无所谓生也无所谓灭,决非俗常所谓过去、现在、未来之类的概念所能概括。只是为了实现他所许下的普度众生的誓愿,如今示现于西方,在距离我们居住的南赡部洲百千十万亿之多的佛国之外,有他的佛国净土称为'极乐世界'。法藏比丘觉悟成佛,名为'阿弥陀佛'。他成佛至今,已历时十劫,现在他正在西方极乐世界讲经说法,那里有无量无尽的菩萨和声闻弟子,恭敬地围绕在他的座下,听他说法。"

皆愿作佛第十

本品仅见于汉、吴两种古译本。主要有两个方面值得注意,首先,阿阇王子与五百个长者听佛说法后,便都引发了空前喜悦的欢喜心,并发成佛如佛的愿心,显示了本经对于修习佛道之人的重要性。另外,佛说阿阇王子与五百大长者等人,因为已于无量劫中行菩萨道,过去生中即佛弟子,故将来决定成佛,这就再次说明了一切诸法不离因缘,欲得佛果,必须广植善根。修佛之人,务必时时积功累德,"无数劫来",亦当坚信不移。

佛说阿弥陀佛为菩萨求得是愿时,阿阇王子与五百大长者闻之①,皆大欢喜,各持一金华盖②,俱到佛前作礼,以华盖上佛已,却坐一面听经。心中愿言:"令我等作佛时,皆如阿弥陀佛。"佛即知之,告诸比丘:"是王子等,后当作佛。彼于前世住菩萨道,无数劫来,供养四百亿佛。迦叶佛时③,彼等为我弟子,今供养我,复相值也④。"时诸比丘闻佛言者,莫不代之欢喜。

注释:

①阿阇王子:佛陀在世时中印度摩揭陀国国王之子。

②华盖:以花装饰而成的伞盖。又佛教建筑中,如经幢、石

塔之顶上，有雕刻精细如伞状之盖，亦称"华盖"，又称"宝盖"。

③迦叶佛：又作"迦叶波佛"、"迦摄波佛"、"迦摄佛"，意译"饮光佛"。为过去七佛中的第六佛，现在贤劫千佛中的第三佛。出世于释迦牟尼佛之前，相传为释迦牟尼佛的因地本师，曾为释迦牟尼授记，预言将来必定成佛。依《长阿含经》卷一《大本经》载，迦叶佛出世于贤劫中，其时人寿二万岁。姓迦叶，于尼拘律树下成佛，有弟子二万人，而以提舍与婆罗婆二人为高足，执事弟子名善友。

④复相值：重逢，再次相遇。

译文：

在释迦牟尼佛讲说阿弥陀佛从菩萨因地，成就了所发的成佛誓愿时，阿阇王子与五百个长者听佛说法后，便都引发了空前喜悦的欢喜心，他们每人各持一把金华盖，一齐来到释迦牟尼佛前顶礼致敬，将华盖奉献给佛后，退下坐在一侧听佛演说经法。同时心生大愿："如果有一天我们也成了佛时，我们也要像阿弥陀佛一样。"释迦牟尼佛立即知晓了他们的心愿，于是告诉众比丘说："阿阇王子五百人等，以后一定都能成佛。他们在前世都修行菩萨道，经历无量无尽时劫，供养过四百亿佛，广积功德。在迦叶佛住世之时，他们曾是我的弟子，今天又来供养我，我们又同聚一堂，这是一个殊胜无比的因缘。"当时参加法会的比丘大众，听释迦牟尼佛所说，都为阿阇王子等五百比丘感到欣慰欢喜。

国界严净第十一

从本品开始,主要介绍西方极乐世界的依报庄严,即与阿弥陀佛圆满正报相应的极乐净土的种种殊胜美妙的外在环境。本品是泛说国土的庄严清净,超过了十方一切佛国净土世界。也就是"四十八大愿"中第一愿"国无恶道"、第三十九愿"庄严无尽"的体现。另外对于众生业因果报的不可思议、众佛圣力以及其所成就的十方诸佛世界的不可思议,进行了反复宣说。

佛语阿难:"彼极乐界,无量功德,具足庄严。永无众苦、诸难、恶趣、魔恼之名①;亦无四时、寒暑、雨冥之异②,复无大小江海,丘陵坑坎,荆棘沙砾,铁围、须弥、土石等山③,唯以自然七宝、黄金为地④,宽广平正,不可限极。微妙奇丽,清净庄严,超逾十方一切世界。"

注释:

①众苦:指一切有情众生所遭受的种种苦恼,如佛教经常说的"八苦"。所谓"八苦"是指:一、生苦,即出生时所承受的痛苦;二、老苦,即年老体衰所承受的痛苦;三、病苦,即为种种病痛折磨所遭受的痛苦;四、死苦,即气绝命终时所遭受的痛苦;五、爱别离苦,即与所爱之人或物无奈分离所承受的痛苦;六、怨憎会苦,即与怨仇憎恶之人见面的痛苦;七、求不得苦,即所

求不遂的痛苦;八、五阴炽盛苦,即色受想行识等五阴的作用炽盛,生老病死等众苦聚集,盖覆真性,死此生彼,无休无止而所承受的痛苦。诸难:指不得遇佛、无法听闻佛法的种种障难。如"八难",即地狱难、畜生难、饿鬼难、长寿天难、北郁单难、盲聋喑哑难、世智辩聪难、佛前佛后难。其中,地狱、畜生、饿鬼三途业障深重,不得会佛,众苦逼恼,不能修梵行,故称之为难。长寿天即色界第四禅中的无想天,外道修行多生其处,不求佛法,故称之为难。北郁单(即北俱卢洲)乐报殊胜,无诸苦事,贪着享乐而不受教化,是以圣人不出其中,故称之为难。盲聋喑哑诸根不具,纵生在有佛法之国亦不能睹圣闻法,故称之为难。世智辩聪者虽生在有佛法之国,却深陷邪见,仗着小聪明,不肯虚心修行,甚至还会毁谤佛法,故称之为难。佛前佛后者,生在佛出世前或是佛涅槃后,都见不到佛和听不到佛法,故称之为难。

②雨冥:雨指雨天,冥指阴天。

③铁围:即铁围山,又作"铁轮围山"、"金刚围山"、"金刚山"。指围绕须弥四洲外海,由铁所成之山。佛教的世界观以须弥山为中心,周围共有八山八海围绕,最外侧之山即称"铁围山"。须弥:即须弥山。详见前注。

④七宝:诸经所说的略有不同。《般若经》所说的七宝是金、银、琉璃、珊瑚、琥珀、砗(chē)磲(qú)、玛瑙。《法华经》所说的七宝是金、银、琉璃、砗磲、玛瑙、真珠、玫瑰。《阿弥陀经》所说的七宝是金、银、琉璃、玻璃、砗磲、赤珠、玛瑙。又,佛教中经常以数字"七"代表圆满,"七宝"也可以泛指无量珍宝。

译文：

释迦牟尼佛对阿难说："阿弥陀佛的极乐世界，具足无量功德庄严，一切美好，无所欠缺。那里永远没有种种三苦、八难、恶趣、魔烦等等的名称概念；国中没有春夏秋冬、酷热严寒、绵绵阴雨等等的气候变化，也没有大小江河海洋，丘陵坑坎、荆棘沙砾，以及铁围山、须弥山和土石山等等的地理差异，只有以自然生成的七种宝物和黄金为地，大地平坦整齐，宽广无垠，其微妙奇丽，清净庄严，超过了十方一切佛国净土世界。"

阿难闻已，白世尊言："若彼国土无须弥山，其四天王天及忉利天①，依何而住？"

注释：

①四天王天：指欲界六天中的第一重天，位于须弥山的山腰。忉利天：音译"多罗夜登陵舍"，是欲界六天的第二重天，位于须弥山顶；山顶四方各八天城，加上中央帝释天所居住的善见城（喜见城），共有三十三处，故又称"三十三天"。四天王天与忉利天都在须弥山上，所以两天又称"地居天"。

译文：

阿难听说后，又向释迦牟尼佛请教："如果极乐世界没有须弥山，那这佛国净土中的四天王天以及忉利天又依凭什么而居处呢？"

佛告阿难:"夜摩、兜率①,乃至色、无色界,一切诸天,依何而住?"

注释:

①夜摩、兜率:即夜摩天和兜率天,分别为欲界六天中的第三、第四重天,因夜摩天和兜率天及其以上诸天,都位于须弥山之上的虚空密云之中,所以都称为"空居天"。

译文:

释迦牟尼佛反问阿难道:"我们这个世界,夜摩天、兜率天,乃至色界天、无色界里的一切诸天,他们又依凭什么而居处呢?"

阿难白言:"不可思议业力所致。"

译文:

阿难回答说:"因有不可思议的业力,致使诸天众神住于虚空。"

佛语阿难:"不思议业,汝可知耶?汝身果报,不可思议,众生业报,亦不可思议。众生善根,不可思议,诸佛圣力,诸佛世界,亦不可思议。其国众生,功德善力,住行业地①,及佛神力,故能尔耳。"

注释：

①行业地：指阿弥陀佛大愿、大行、大业圆满成就的地方。

译文：

释迦牟尼佛对阿难说："你可知道不可思议的业力吗？你自身因过去所行善恶而造的果报不可思议，众生的业报同样也不可思议。众生因行善而得的果报不可思议，众佛的圣力以及其所成就的十方诸佛世界，同样也不可思议。由于极乐世界中的众生有种种功德善力，又住于阿弥陀佛大愿、大行、大业成就之地，加上阿弥陀佛的无上本愿威神之力，所以不必依凭须弥等山也能自然安住。"

阿难白言："业因果报，不可思议，我于此法，实无所惑。但为将来众生，破除疑网，故发斯问？"

译文：

阿难说道："对于众生不可思议的业因果报，我其实并没有什么疑惑。但为了能让将来的众生破除迷网惑缚，所以才向您提出这一问题，请您开示。"

光明遍照第十二

上品"国界严净"品，主要宣演极乐世界的依报庄严，本品与下一品，则主要阐说阿弥陀佛的正报庄严。本品盛赞阿弥陀佛的光明，是法藏比丘第十三、十四大愿所应之果的展开。本品首先称颂阿弥陀佛光明的殊胜，为十方诸佛所不能及；其次说明其所以光明殊胜第一的原因，乃在于其前世求道时所行愿的功德殊胜第一；然后又一一列举了阿弥陀佛的十二光佛的具体名称，以进一步凸显其光明的无量殊胜；最后讲述了阿弥陀佛之光明的殊胜妙用，即众生如能触见此光，无不"垢灭善生"，"命终皆得解脱"，最终得以往生极乐世界。

佛告阿难："阿弥陀佛威神光明，最尊第一，十方诸佛，所不能及。遍照东方恒沙佛刹，南西北方，四维上下①，亦复如是。若化顶上圆光，或一二三四由旬，或百千万亿由旬。诸佛光明，或照一二佛刹，或照百千佛刹，唯阿弥陀佛，光明普照无量无边无数佛刹。诸佛光明所照远近，本其前世求道，所愿功德大小不同。至作佛时，各自得之，自在所作，不为预计。阿弥陀佛，光明善好，胜于日月之明，千亿万倍。光中极尊，佛中之王。

注释：

①四维：指东南、西南、东北、西北。

译文：

释迦牟尼佛告诉阿难说："阿弥陀佛威严神奇的光明至尊第一，十方世界的众佛没有一个能与其比肩。他的光明遍照东方如恒河中所有沙子一样多的佛国，同样也照遍南方、西方、北方、上方、下方如恒河中的所有沙子一样多的佛国。若论佛顶上化现的圆光，可能只是几由旬距离，也可以达到百千万亿由旬之远。至于十方世界诸佛的光明，近的只能照一二佛刹，远的则能照及百千佛刹，但唯独阿弥陀佛，其光明普照于无量无边的佛刹。诸佛光明所能照的距离远近，本是其前世求道时所行愿的功德大小不同所致。到了他们成佛之时，各自便以自己前世行愿功德的大小而得到相应的光明，这是自然成就的，不以其意志为转移。阿弥陀佛的光明贤善美好，胜过世间日月之光明千亿万倍。在所有的光明中，阿弥陀佛的光明是最为尊贵宏大的，这也是诸佛光明中的第一。

"是故无量寿佛，亦号无量光佛，亦号无边光佛、无碍光佛、无等光佛，亦号智慧光、常照光、清净光、欢喜光、解脱光、安隐光、超日月光、不思议光①。

注释：

①从"亦号无量光佛"开始到本段结尾：是盛赞阿弥陀佛殊

胜光明的十二种名称,也是阿弥陀佛因光明殊胜而得十二种称号,统称"十二光佛"。具体而言,无量光是指佛的智慧光明不可限量。无边光是指佛光普照,无边无际。无碍光是指佛的光明普照,没有障碍。无等光是指佛的光明无与伦比。智慧光是指佛的光明能破除一切众生的无明烦恼。常照光是指佛的光明在一切时一切处,没有间断地普照一切众生。清净光是指佛光能令众生断除贪瞋痴三毒烦恼,得到身心清净。欢喜光是指佛光普施一切众生,能使众生法喜充满。解脱光是指佛的光明能使众生解脱生死苦海,往生极乐净土。安稳光是指佛光能令众生在三界里得到真正的安乐。超日月光是指佛的光明远超世间一切光明,无比殊胜。不思议光是指佛的光明善好不可思议。安隐,即安稳。

译文:

"因此,无量寿佛也称为无量光佛、无边光佛、无碍光佛、无等光佛,亦号为智慧光、常照光、清净光、欢喜光、解脱光、安稳光、超日月光、不思议光。

"如是光明,普照十方一切世界。其有众生,遇斯光者,垢灭善生,身意柔软①。若在三途极苦之处②,见此光明,皆得休息,命终皆得解脱。若有众生,闻其光明、威神、功德,日夜称说③,至心不断,随意所愿,得生其国。"

注释：

①身意柔软：指身、心不再桀骜不驯，而是日趋温和，从而随顺于佛的教导。

②三途：指火途、血途和刀途。火途代表地狱道，血途代表畜生道，刀途代表饿鬼道，故"三途"也即"三恶道"。

③称说：这里特指称念佛名，即称念"南无阿弥陀佛"。

译文：

"如上所述的这种种光明，普照十方一切世界。有缘得遇阿弥陀佛佛光的一切众生，贪、瞋、痴三种毒垢便得以断灭，相应的善根得以增长，身、口、意三业得以柔顺易化。若有众生处在地狱道火途、畜生道血途、饿鬼道刀途这样的最极苦境地，只要见到阿弥陀佛的光明，也都能苦难消减，并在命终之后能得解脱。若有众生，能闻知阿弥陀佛的光明、威神、功德，又能以至诚之心，日夜称名诵念，念念不绝，就可以随其心意所愿，得以往生极乐世界。"

寿众无量第十三

本品承接上一品，继续表显阿弥陀佛的正报庄严。光明遍照，是身遍十方；寿众无量，是竖穷三际。本品可细分为三无量：一是佛寿无量，二是会众无量，三是会众寿命无量。这是依法藏比丘"四十八大誓愿"中第十五"寿命无量愿"、十六"声闻无数愿"而成就的。佛有三身，即法身、报身、应身。法身以真如理体为身，三际一如，故其寿命自然无始无终；而由于阿弥陀佛愿力独胜，超越诸佛，所以即使其由因缘感应而得的化身，寿命亦皆无量。而由于其愿力的宏深，欲度普天之下一切众生，故其法会会众亦当无量，同时因其殊胜愿力，所度众生寿数亦无量。

佛语阿难："无量寿佛，寿命长久，不可称计。又有无数声闻之众，神智洞达[①]，威力自在，能于掌中持一切世界。我弟子中大目犍连，神通第一，三千大千世界，所有一切星宿众生[②]，于一昼夜，悉知其数。假使十方众生，悉成缘觉，一一缘觉，寿万亿岁，神通皆如大目犍连，尽其寿命，竭其智力，悉共推算，彼佛会中，声闻之数，千万分中不及一分。

注释：

①神智洞达："神"即神通；"智"即智慧；"洞"指究竟通彻；

"达"指通达无碍。"能于掌中持一切世界"喻极乐世界诸菩萨众的自在无碍的威力不可思议。可与《维摩诘经》中所谓"菩萨以一佛土众生置之右掌,飞到十方,遍示一切,而不动本处"相参。

②星宿众生:如天上星宿一般多的众生,也有解作"一切星宿至上的众生",皆可通,喻指无数众生。

译文:

释迦牟尼佛告诉阿难:"无量寿佛的寿命无量无尽,难以说清也无法计算。他的极乐世界有无数声闻大众,他们皆具神通智慧,通达透彻事理;皆具神威之力,任用自在无碍,能够用手握持一切世界。在我的弟子中,大目犍连号称'神通第一',能够在一昼夜之间,全部说清三千大千世界所有一切星宿及其一切众生的数目。假如让十方世界的一切众生,全都成为缘觉,每一位缘觉都有万亿岁的寿命,他们的神通都达到大目犍连的水平,然后尽他们的寿命,竭尽他们的神通智力,全都一起来共同推算极乐世界的声闻人数,他们所能计算出来的数目,达不到实际数目的千万分之一。

"譬如大海,深广无边,设取一毛,析为百分,碎如微尘,以一毛尘,沾海一滴,此毛尘水,比海孰多?

译文:

"譬如大海,其深其阔无边无际,再假如取一根毫毛,把它又分成一百份，碎成如微尘一般大小，以这样的小毛尘，去大海中沾一点水，这毛尘沾到的一滴水与整个大海的水相比，哪个为多？哪个为少？

　　"阿难，彼目犍连等所知数者，如毛尘水；所未知者，如大海水。彼佛寿量，及诸菩萨、声闻、天人，寿量亦尔，非以算计譬喻之所能知。

译文：

　　"阿难，那些具有目犍连神通的无量数的缘觉，所共同推算出来的数目，就像这纤细毛尘上沾到的水一样；而其未能推算出来的的数目，就像那大海水。阿弥陀佛的寿命以及极乐世界上诸菩萨、声闻、天人的寿命、数量也是这样，不是用推算、比喻等方法所能够搞清楚的。"

宝树遍国第十四

本品及以下数品,再次宣说西方极乐世界的依报庄严,在阿弥陀佛的极乐净土,有种种的宝树。这些宝树,或由一宝所成,或由多种宝物和合而成,都依其类别各自成行,行与行之间距离相等而不杂乱,花朵果实的位置也错落有致。宝树发出殊胜微妙的光彩,清风送爽,随风奏乐,音调和雅。如此殊胜的诸多宝树,遍布于极乐世界的一切地方。本品所述,依"四十八愿"之第四十愿——"无量色树愿"而成就。

"彼如来国,多诸宝树。或纯金树、纯白银树、琉璃树、水晶树、琥珀树、美玉树、玛瑙树,唯一宝成,不杂余宝。或有二宝三宝,乃至七宝,转共合成。根茎枝干,此宝所成,华叶果实,他宝化作。或有宝树,黄金为根,白银为身,琉璃为枝,水晶为梢,琥珀为叶,美玉为华,玛瑙为果。其余诸树,复有七宝,互为根干枝叶华果。种种共成。各自异行,行行相值①,茎茎相望,枝叶相向,华实相当。荣色光曜,不可胜视。清风时发,出五音声②,微妙宫商③,自然相和。是诸宝树,周遍其国。"

注释:

①相值:距离相等。

②五音：指中国古代乐律的五个基本音阶，即宫、商、角（jué）、徵（zhǐ）、羽。再加上变宫和变徵，就是现代音乐的七音阶。

③宫商：即宫、商、角、徵、羽等五音的略称。

译文：

"在那西方极乐世界中，有许许多多各种各样的宝树。有的是纯黄金树、纯白银树、纯琉璃树、纯水晶树、纯琥珀树、纯美玉树、纯玛瑙树等，这些树都质地纯粹，皆由一宝所成，没有掺杂其他的珍宝。也有的宝树是用两种宝物或三种宝物乃至用七种宝物和合而成。根茎枝干是由某种珍宝构成，而花叶果实则又由其他珍宝合成。还有的一些宝树，则是黄金为根茎，白银为树干，琉璃为树枝，水晶为树梢，琥珀为树叶，美玉为花朵，玛瑙为果实。其余的宝树，又另有七宝，各为根、干、枝、叶、花、果，组成种种不同形色的七宝树。这些宝树，还依其类别各自成行，行与行之间距离相等而不杂乱，树干与树干彼此对望，枝叶与枝叶遥遥相向，花朵果实的位置也错落有致，彼此相当。繁茂的树木发出殊胜微妙的光彩，耀眼夺目，使人目不暇接，美不胜收。清净舒爽之风，应时而起，发出美妙动听的五音之声，无比微妙的音声自然相和。如此殊胜的诸多宝树，遍布于极乐世界的一切地方。"

菩提道场第十五

　　本品承接上品,专讲阿弥陀佛极乐净土众多宝树中的道场树,仍属"四十八愿"中第四十愿、第四十一愿有关道场菩提树的成就。本品首先描述了阿弥陀佛道场菩提树的高大、庄严之不可思议,其次表显由于阿弥陀佛大愿的不可思议,所成就佛土的殊胜不可思议,而使其道场菩提宝树亦具有能施之法益的不可思议功德。菩提宝树能演奏出似乎在宣说殊胜佛法的无量妙音,其音可远播遍及十方佛国净土,引发悲心。众生如能得以目睹菩提宝树,耳闻宝树所发妙音,嗅到宝树散发的香味,尝到了宝树所结果实的味道,接触到了宝树所放的光明,忆念宝树的种种功德,都能够使其六根清净无垢,远离烦恼祸患,安住于不退转之位,成就圆满佛果,证得音响忍、柔顺忍、无生法忍等三种法忍。

　　"又其道场,有菩提树,高四百万里,其本周围五千由旬,枝叶四布二十万里。一切众宝,自然合成,华果敷荣①,光晖遍照②。复有红绿青白,诸摩尼宝③,众宝之王,以为璎珞④,云聚宝镍⑤,饰诸宝柱。金珠铃铎,周匝条间⑥。珍妙宝网,罗覆其上,百千万色,互相映饰,无量光炎,照耀无极。一切庄严,随应而现。微风徐动,吹诸枝叶,演出无量妙法音声。其声流布,遍诸佛国，清畅哀亮，微妙和雅，十方世界音声之中，最为第一。若有众生，睹菩提树，闻声，嗅香，尝其果味，触其光影，念树功德，皆得六根清彻，无诸恼患，住不退转，至成佛道。复由见彼树故，获三种忍^⑦：一音响忍，二柔顺忍，三者无生法忍。”

注释：

①敷荣："敷"即铺设、展开，这里指四处开放。"荣"即繁茂旺盛。

②晖（huī）：同"辉"。

③摩尼：又作"末尼"，意译为"珠"、"宝珠"。为珠宝的总称。佛教认为宝珠有消除灾难、疾病以及澄清浊水、改变水色之神妙功效。

④璎珞：又作"璎珞"、"璎络"。即由珠玉、花等物编缀而成的装饰物，可挂在头、颈、胸或手脚等部位，系印度富贵人家之佩戴物。

⑤云聚宝锁（suǒ）："云聚宝"为一种印度珠宝的名称。由云聚宝所制作的链锁，称"云聚宝锁"。锁，同"锁"。

⑥周匝：即周遍环绕。"匝"为古代计算环绕圈数的单位。

⑦忍：即安忍，为"法忍"的略称，安住信受佛法真理谓之"法忍"。下文的"音响忍"：随顺佛菩萨说法的音声，而知诸法实相，安住于法。这里指往生极乐世界之人听闻七宝树林所发的音声，而悟解佛理。柔顺忍：指慧心柔软，心柔智顺，于实相之理不相乖违而能随顺真理。无生法忍：简称"无生忍"，即以

真实的智慧,安住在不生不灭的实相真理中。

译文:

"另外,在极乐世界演说佛法的道场,生长有菩提圣树,高达四百万里,其树身粗大,周长有五千由旬,枝叶向四方伸展,方圆二十万里。此树由一切宝物自然合成,花开繁茂,果实累累,所发光明,遍照四方。又由红、绿、青、白色的众宝之王——摩尼宝珠作为璎珞,并用云聚宝所作的钩锁串联起来,装饰在菩提树干之上。纯金与宝珠合成的铃铛,密密麻麻地悬挂在枝条之间。珍稀奇妙的宝网,覆盖在菩提圣树之上,百千万种光色交相辉映,自然发出无量的光芒,照耀之远无量无边。一切庄严之相,普应群机,变化不拘,随意而现。微风徐徐拂来,吹动菩提宝树上的千枝万叶,演奏出无量妙音,似乎在宣说殊胜佛法。这无量妙音传播出去,遍及十方佛国净土,清净通畅,引发悲心,音色明快响亮,安和雅正,微妙无比,在十方世界的一切音声中,无与伦比。如果有众生得以目睹菩提宝树,耳闻宝树所发妙音,嗅到宝树散发的香味,尝到了宝树所结果实的味道,接触到了宝树所放的光明,忆念宝树的种种功德,都能够使其眼、耳、鼻、舌、身、意等六根清净无垢,没有了种种烦恼所导致的祸患,从而能够安住于不退转之位,成就圆满佛果。又因为知见菩提宝树的缘故,还能够获得初地至八地大菩萨所证得的三种法忍:一是音响忍,二是柔顺忍,三是无生法忍。"

佛告阿难:"如是佛刹,华果树木,与诸众生,而作佛事，此皆无量寿佛，威神力故，本愿力故，满足愿故，明了、坚固、究竟愿故。"

译文：

释迦牟尼佛告诉阿难："这西方极乐世界里的花果树木都是在做佛事，使众生破迷开悟，这些都是无量寿阿弥陀佛的威神力、本愿力所致，都是由于无量寿佛的宏大愿心圆满、明了、坚固、究竟的缘故。"

堂舍楼观第十六

　　本品仍为西方极乐世界的依报庄严的内容,着重介绍西方极乐世界的讲堂、住舍、楼观,是阿弥陀佛与菩萨们的居处环境。无量寿佛说法的讲堂,居住的精舍,以及一切楼观栏楯,都是由七宝自然变化而成,诸菩萨众所居住的宫殿也同佛一样,平等庄严。同时也介绍了居处其中的菩萨们修习佛道的基本情况以及修行所证的果位,他们在西方极乐世界的讲堂、住舍、楼观中,各自讲经、诵经,听经、受经,行经、思道、坐禅,随意自在,莫不欢喜。

　　"又无量寿佛讲堂精舍①,楼观栏楯②,亦皆七宝自然化成。复有白珠摩尼以为交络,明妙无比。诸菩萨众,所居宫殿,亦复如是。中有在地讲经、诵经者;有在地受经、听经者;有在地经行者③,思道及坐禅者;有在虚空讲诵受听者,经行、思道及坐禅者。或得须陀洹④,或得斯陀含⑤,或得阿那含、阿罗汉⑥。未得阿惟越致者,则得阿惟越致。各自念道、说道、行道,莫不欢喜。

注释:

　　①讲堂:讲经说法的场所。为佛寺七堂伽蓝之一,一般建

在正殿的后面,地位仅次于正殿。精舍:寺院的异称,为精进修行者所居,所以称为"精舍"。释迦牟尼在世时,在各地建有许多精舍,其中以王舍城竹林精舍与舍卫国祇园(祇洹)精舍,较为有名。后人曾将佛陀所常驻锡说法的五处精舍,称为"五精舍",即:(1)舍卫城的给孤独园(祇园精舍);(2)王舍城的灵鹫山精舍;(3)王舍城附近的竹林精舍;(4)毗舍离猕猴池的大林精舍;(5)庵罗树精舍。

②楼观栏楯(shǔn):"楼"即楼宇,"观"即台榭,"栏楯"即栏杆,竖的叫栏,横的叫楯。

③经行:在一定的处所缓慢地往返步行,通常是在食后、疲倦时,或坐禅昏沉瞌睡时进行。据《大比丘三千威仪经》卷上所载,适于经行之地有五种,即空处、户前、讲堂之前、塔下、阁下。另据《四分律》卷五十九所说,时常经行能得五利,即:(一)能堪远行,(二)能静思惟,(三)少病,(四)消食,(五)于定中得以久住。关于经行的方法,据《十诵律》卷五十七所述,应直行,不急不缓;若不能直,当画地为相,随相直行。

④须陀洹:旧译为"入流",新译为"预流",是声闻乘四果中的初果名。就是从凡夫初入圣流,已断三界一切错误的见解("见惑")的果位。

⑤斯陀含:意译为"一来"。这是断欲界九品思惑中前六品的二果罗汉。修行证到此果位,还要来欲界再受生死一次,所以称"一来果"。

⑥阿那含:意译为"不来",即不再来欲界受生死,这一果位须断尽三界见惑,及欲界九品思惑,方能证得。阿罗汉:印度语,

是小乘中最高的果位,也称"四果"。阿罗汉有三种意思,即一、杀贼:即断除三界一切见思烦恼;二、应供:应受一切人天的供养;三、无生:于一生中解脱生死,不会再来三界轮回受生。

译文:

释迦牟尼佛又对阿难说道:"无量寿佛说法的讲堂、修法的精舍,以及所有楼台馆舍乃至其栏杆,也都是由七宝自然化成。又有白珠摩尼所编织成的璎珞,交叉悬挂而成网络,互相辉映,无比光明美妙。而诸菩萨所居住的宫殿,也同样如此。在这些楼台馆舍之中,有的在地上行走中诵经,有的在禅习思定。也有的在虚空之中,讲经、诵经、听经、受经、行经、思道、坐禅。他们有的证得须陀洹果位,有的证得斯陀含果位,有的证得阿那含果位,有的证得阿罗汉果位。原来没有得到阿惟越致果位的,也证得了阿惟越致不退转果位。他们各自念道、说道、行道,无不欢喜非常。"

泉池功德第十七

本品还是介绍西方极乐世界外在环境的殊胜。上一品着重介绍阿弥陀佛与菩萨们的居处住所,本品则着重介绍这些居处住所的外在环境,特别是极乐世界的泉水池塘的非比寻常。首先介绍泉水池塘的形、量,它们环绕互通,其长宽深浅,各因等级不同而协调相称。泉池之水,清澈湛净,芬芳四溢;岸边之树,花果恒芳,光明璀璨;池中莲花,色彩斑斓,缤纷耀眼。同时,如此殊胜美妙的泉池,不仅可以随心所欲地变化深浅温凉,自然一一圆满净土众生的心意;更能扬波启音,宣说种种妙法,使闻者都能听到自己愿闻的佛法。池扬妙法,显示极乐世界无情说法的不思议功德。最后,本品还点出了阿弥陀佛净土思想中的一个重要特点,即十方世界来此往生者,全都是在七宝池的莲花里自然化生而非胎生,所以都能远离妄业感报,具有清净无碍、寿限无极的妙身、妙体,从此不再有三途恶道、烦恼、苦难这些感受乃至说法,有的只是自然快乐的声音,因此才称极乐世界。这是阿弥陀佛"四十八大誓愿"中第二十四"莲华化生愿"、第二十八"国无不善愿"等功德所成就的。

"又其讲堂左右,泉池交流,纵广深浅,皆各一等①。或十由旬,二十由旬,乃至百千由旬。湛然香洁,具八功德②。岸边无数栴檀香树,吉祥果树③,华果恒芳,光明照耀,修条密叶,交覆于池,出种种香,世无能喻。随风散馥④,沿水流芬。

注释:

①皆各一等:指极乐世界泉池的大小、长宽、深浅都随人心意,协调相称。

②八功德:即八功德水,又称"八味水"、"八支德水"或"八定水"。是指佛教净土诸宝池中的水具有八种殊胜的功德:一澄净、二清冷、三甘美、四清软、五润泽、六安和、七除饥渴、八长养善根。另外,包围须弥山的七内海中也充满着八功德水,它具有:甘、冷、软、轻、清净、无臭、饮不伤喉、饮不伤腹等八特质。

③吉祥果:原产于印度,状似瓜篓,黄赤色,据传此果可以破除魔障,所以称为"吉祥果"。中国以石榴为吉祥果。

④馥(fù):浓郁的香气。

译文:

"在阿弥陀佛的讲经殿堂左右两边,还有环绕互通的清泉池塘,这些泉池的长宽深浅,各因其等级不同而协调相称。有的是十由旬,有的是二十由旬,有的更达百千由旬。池中之水清澈湛净,芬芳四溢,皆具澄净、清冷、甘美、轻软、润泽、安和、除饥渴、长养诸根等八种功德。岸边有无数栴檀香树和吉祥果树,花果持久地散发出芬芳,放射出夺目光芒,修长的枝条和浓密的树叶,交叉延伸,覆盖在池水之上,散发出种种用世间语言难以描摹形容的奇香。这浓郁的妙香随风散布,沿水流淌。

"又复池饰七宝,地布金沙,优钵罗华、钵昙摩华、拘牟头华、芬陀利华①,杂色光茂,弥覆水上。若彼众生,过浴此水,欲至足者,欲至膝者,欲至腰腋,欲至颈者;或欲灌身,或欲冷者、温者、急流者、缓流者,其水一一随众生意。开神悦体,净若无形。宝沙映澈,无深不照。微澜徐回,转相灌注,波扬无量微妙音声。或闻佛法僧声、波罗蜜声、止息寂静声、无生无灭声、十力无畏声②;或闻无性无作无我声、大慈大悲喜舍声、甘露灌顶受位声③。得闻如是种种声已,其心清净,无诸分别,正直平等,成熟善根。随其所闻,与法相应。其愿闻者,辄独闻之;所不欲闻,了无所闻,永不退于阿耨多罗三藐三菩提心。

注释:

　　①优钵罗华、钵昙摩华、拘牟头华、芬陀利华:各种颜色的莲花。一般分别译为:青色的莲花、红色的莲花、黄色的莲花、白色的莲花。

　　②十力:指如来十力,只有如来方才具有的十种特殊智力,属于佛"十八不共法"中的十种。又称"十神力"。即指:一、知觉处非处智力,"处"意指道理,善因善果、恶因恶果之理称为"是处",反之称为"非处"。即如来具有如实了知合理、不合理的一切道理的智力;二、知三世业报智力,即能知一切众生三世因果业报的智力;三、知诸禅解脱三昧智力,即能知各种禅定及

解脱三昧等次第深浅的智力；四、知诸根胜劣智力，即能知众生根性的胜劣与得果大小的智力；五、知种种解智力，即能知一切众生种种知解的智力；六、知种种界智力，即能普知众生种种境界不同的智力；七、知一切至所道智力，即能知一切众生行道因果的智力；八、知天眼无碍智力，即能以天眼见众生生死及善恶业缘而无障碍的智力；九、知宿命无漏智力，即知众生宿命及知无漏涅槃的智力；十、知永断习气智力，知一切烦恼惑业永断不生的智力。无畏：又作"无所畏"，即无所怖畏恐惧之意。是指佛、菩萨说法时具有无所怖畏的自信，舒泰安稳。佛、菩萨的无畏有四种，称"四无畏"、"四无所畏"。即：一切智无所畏、一切漏尽无畏、说障道无所畏、说尽苦道无所畏。

③无性无作无我：“无性”之“性”指体性，意指一切诸法都没有实体。“无作”即无为，就是远离一切有为的造作。“无我”，“我”是自性、主宰的意思，“无我”是指一切诸法皆是因缘和合而生，皆无自性。大慈大悲喜舍：即慈、悲、喜、舍四无量心，又名“四等”、“四梵行”，十二门禅中的四禅。（1）慈，与众生同乐之心。（2）悲，拔众生苦之心。（3）喜，见他人的离苦得乐，自心生起欢喜之心。（4）舍，如上三心，舍之而不执着之心，或怨亲平等，不起爱憎之心。甘露灌顶受位：“甘露”原指天人的长生不死药，佛教中比喻不生不灭的大法。“灌顶”参前注，即菩萨于十地中的第九地升入第十法云地时，诸佛以智水灌其顶，以为受法王职的证明。菩萨接受了佛的灌顶传位之法，就叫“灌顶受位”。

译文：

"又用七种宝物来装饰这些水池，用金沙铺地，优钵罗青莲花、钵昙摩红莲花、拘牟头黄莲花、芬陀利白莲花，异彩纷繁，缤纷耀眼，弥漫覆盖在池水之上。倘若极乐世界中的众生，涉水经过或在池水中沐浴，想让此水齐足深，这水就齐足深；想让此水齐膝深，水就齐膝深；想要齐腰深、齐腋深、齐颈深，或者想让水从头上流下，或者想让池水清凉，想让池水温热，想让池水急速流淌，想让池水缓慢流淌，池水都能随其所欲，如其所意。池水还具有令人心神爽朗，增长智力，令身体舒畅安乐的功效，其水清湛净洁得如若无物。池底的黄金宝沙，无论水有多深都能明澈地映照出来。轻波徐缓安和，辗转回护，流波轻漾，发出无量微妙悦耳的声音。似可听闻水中有诵念着佛、法、僧三宝之声，又似可听闻水中有演说诸波罗蜜之声、止观禅定之声、无生无灭之声、十力无畏之声，或者听闻无性无作无我之声、大慈大悲喜舍志声、甘露灌顶受位之声。种种微妙音声，听者无不心中清净无垢，不生贪妄执着分别之心，正直平等，善根由此自然成熟。对于所听闻到的妙法，都能同法相应，即时契会。想听到什么，就自行听到什么；不想听到什么，就什么也听不到，不受丝毫干扰，可谓从心所欲，求无上正等正觉之心，必能永不退转。

"十方世界诸往生者，皆于七宝池莲华中，自然化生，悉受清虚之身，无极之体①。不闻三途恶恼苦难之名，尚无假设②，何况实苦？但有自然快乐之音，是故彼国名为极乐。"

注释：

①清虚之身，无极之体：意即清净无碍的妙身，寿限无极的妙体。"清虚"指非血肉之躯，故清净无碍；"无极"指寿限无极，即所谓无量寿。

②假设：指虚拟假设的概念名相。

译文：

"十方世界的一切往生极乐世界的众生，全都在七宝池的莲花里自然化生，全部得清净无碍的妙身，寿限无极的妙体。从此不再知道三途恶道、烦恼、苦难这些说法，极乐世界中连这些虚拟假设的概念名相都没有，更何况实实在在的痛苦烦恼呢？这世界中有的只是自然快乐的声音，因此这个佛国名叫极乐世界。"

超世希有第十八

本品指出,西方极乐世界依正二报,都远超十方世界之上,稀有难得。当然,除"所处宫殿,衣服饮食,犹如他化自在天王"一段有关依报外,更主要的篇幅是有关正报的内容。特别是对极乐世界所有菩萨的容貌、形相、气质,以譬喻、比较的方法,进行了善巧方便的说明。至于他们的神威功德、阶次品位、神通变化,则更是十方世界一切天人所不能比,其间相差非千百万亿倍所能计量。

彼极乐国,所有众生,容色微妙,超世希有,咸同一类,无差别相。但因顺余方俗①,故有天人之名。

注释:
①余方俗:极乐世界之外他方世界的习俗。

译文:
阿弥陀佛极乐世界中的所有众生,容貌色相美妙至极,超越世间常态,稀有难得,形态相貌彼此相如,平等无二。只是为了顺随他方世界的习俗,方才借用天、人之类的名相以作区别。

佛告阿难:"譬如世间贫苦乞人,在帝王边,面貌形状,宁可类乎？帝王若比转轮圣王,则为鄙陋,犹彼乞人,在帝王边也。转轮圣王,威相第一,比之忉利天王,又复丑劣。假令帝释^①,比第六天^②,虽百千倍,不相类也。第六天王,若比极乐国中,菩萨声闻,光颜容色,虽万亿倍,不相及逮。

注释:

①帝释:即忉利天天主。

②第六天:即他化自在天,为欲界六天中的最上层之天。

译文:

释迦牟尼佛告诉阿难说:"比如世间贫苦的乞丐,立于帝王身边,他们的容貌、形相、气质,怎么能同日而语呢？但若用帝王去比转轮圣王,则帝王的容貌、形相、气质自然又比转轮圣王粗鄙丑陋许多,这就如同乞丐与帝王相比一样。转轮圣王具足三十二相,威德、色相堪称第一,但与欲界第二天忉利天王相比,又难免显得丑陋低下。假如再让忉利天王去比欲界第六天他自在天王,则其威德色相纵使提升千百倍,也无法与后者相匹。而第六天王若与极乐世界中的菩萨、声闻相比,其容貌、形相、气质则又差了万亿倍之遥,是比不上的。

"所处宫殿,衣服饮食,犹如他化自在天王。至于威德、阶位、神通变化,一切天人,不可为比,百千万亿,不可计倍。阿难应知,无量寿佛极乐国土,如是功德庄严,不可思议。"

译文:

"这些菩萨、声闻住的宫殿,穿的衣服,吃的食物,都和欲界第六天他自在天王一样,随心所欲,应念现前。但论及他们的神威功德、阶次品位、神通变化,则十方世界一切天人都不能够与之相比,因为其间相差非千百万亿倍所能计量,而是不可计量的倍数。阿难,你应当知道,无量寿佛的极乐世界,具备如上所述的功德庄严,真实不可思议。"

受用具足第十九

本品开头所列"形貌端严,福德无量,智慧明了,神通自在",皆可视为西方极乐世界诸菩萨众的种种受用,而如此种种殊胜受用,"一切丰足",无不体现了阿弥陀佛极乐净土依正二报的"超世希有"。但本品更着重于从"福德无量"的角度,从衣食住行等生活状况的侧面,介绍极乐净土中的一切生活日用,都能随其所愿,"应念现前,无不具足"。特别是以饮食为例,说明"受用具足"的殊胜,甚至达到食而无食者,"以意为食"的境界,凸显极乐世界的不可思议功德。

"复次极乐世界,所有众生,或已生,或现生,或当生,皆得如是诸妙色身:形貌端严,福德无量,智慧明了,神通自在。受用种种,一切丰足。宫殿、服饰、香花、幡盖,庄严之具,随意所须,悉皆如念。

译文:

"另外,极乐世界的所有众生,或是已经往生的,或是现在往生的,或是将来应当往生的,都能得到前面所说的妙好色身:形态面貌端正庄严,福德没有限量,智慧明通透彻,神通自在无碍。各种所需器具,全都丰富充足。宫殿、服饰、香花、幡盖以及一切用以庄严佛土的器具,都能随其所念而随即出现,需要无不立时满足。

"若欲食时，七宝钵器^①，自然在前；百味饮食，自然盈满。虽有此食，实无食者，但见色闻香，以意为食，色力增长，而无便秽；身心柔软，无所味著。事已化去，时至复现。

注释：

①钵器：佛教僧人饮食所用的餐具，为"比丘六物"之一。"比丘六物"是指为僧尼不可或缺的六种生活用具，并为佛制所允许私蓄。即：僧伽梨(九条乃至二十五条大衣)、郁多罗僧(七条中衣)、安陀会(五条下衣)等一组，以及钵、尼师坛(坐卧之具)、漉水囊(保护水中虫命之具)等六种。若略去后二者，一般称为"三衣一钵"。如果加上裁缝用具类的针、筒，则为八物。最初佛教出家者的特征是以"三衣一钵"为代表，故将"三衣一钵"视为神圣之物。至于六物、八物则是后来所增加的。僧尼生活中一切靠他人布施，主要是为了使出家人的欲望减少至最低限度，因此规定不可携带其他不必要的物品。

译文：

"想吃东西时，七宝合成的餐具自行来到面前；无量种类的美味佳肴，自然在碗中盛满。虽然显现这些食物，但实际并没有真正吃饭的人，只是看看这些食物的色泽、闻闻这些食物的香味，以意念为食，便无不自然饱足，从而达到增长色身的力量而不会产生污秽便溺；食后身心柔软，而又不会使人贪求执着于这些美味的效果。饱足之后，饮食、餐具全都自然消失，想饮食的时候，又立时而现。

"复有众宝妙衣、冠带、璎珞，无量光明，百千妙色，悉皆具足，自然在身。所居舍宅，称其形色。宝网弥覆，悬诸宝铃。奇妙珍异，周遍校饰，光色晃曜，尽极严丽。楼观栏楯，堂宇房阁，广狭方圆，或大或小，或在虚空，或在平地，清净安隐①，微妙快乐。应念现前，无不具足。"

注释：

①安隐：即安稳。

译文：

"又有众宝合成的珍妙衣服、帽子、衣带、璎珞，无不放出无尽无量的光明，显现千百万种的神妙色彩，具足庄严，这种神妙的衣裳服饰，也是随其所欲，无需剪裁，自然显现，穿着于身。极乐世界的一切众生所居住的房舍宅院，不论形状色彩，都协调匹配，称人心愿。宅舍之上，全都为各类珠宝连缀而成的网络所覆盖，其上悬挂无尽无量的珍宝铃铛。到处装饰着各种各样的奇珍异宝，光色交相辉映，晃动变化，明亮显曜，美轮美奂，极尽庄严美丽。楼观栏杆，堂宇房阁，或宽或窄，或方或圆，或大或小，或悬于虚空，或座于平地，无不清净而又安稳，令人无比畅快安乐。所有这些，同样也是随其所欲，立时显现，没有一样不是圆满具足的。"

德风华雨第二十

本品彰显西方极乐世界风、雨的功德，属于对弥陀净土依报庄严的进一步补充。经中介绍，极乐世界，每到正午时分，就会自然吹起除垢兴善、具足众德的清风。风吹声起，又能发出演说苦、空、无常、无我等等各种觉悟成佛大法的音声，流溢散布种种温和雅正的妙香，德风触体，使人自然安乐和谐，调心适意。极乐世界又有漫天花雨，同样具足不可思议的种种功德。

"其佛国土，每于食时^①，自然德风徐起^②。吹诸罗网，及众宝树，出微妙音，演说苦、空、无常、无我诸波罗蜜，流布万种温雅德香。其有闻者，尘劳垢习，自然不起。风触其身，安和调适，犹如比丘得灭尽定^③。"

注释：

①食时：是为戒律所规定的进食时间，即早晨到正午之间为食时。以日中之时斋食，故称"食时"；过午而食，则成"非时食"，违反了九十单堕的非时食戒。

②德风：风有除垢灭惑之德，故称之为"德风"。

③灭尽定：又名"灭受想定"，或"灭定"，是心与心所皆灭尽之定，从而见思烦恼无不断尽，为"九次第定"中的最后一定，也是阿罗汉方能证得的定功。

译文：

"阿弥陀佛的极乐世界，每到正午时分，就会自然徐徐吹拂除垢兴善的德风。风吹拂在那由众多宝物联缀合成的罗网以及宝树之上，便发出清净微妙的音声，演说苦、空、无常、无我等等各种觉悟成佛的大法，流溢散布着种种温和雅正而具足众德的妙香。闻到了这种种妙香的人，都能满心清净，烦恼、习气不得而生。风接触到人的身体，便会如同比丘证得灭尽定一般，安乐和畅，调心适意。

"复吹七宝林树，飘华成聚。种种色光，遍满佛土。随色次第，而不杂乱。柔软光洁，如兜罗绵①，足履其上，没深四指，随足举已，还复如初。过食时后，其华自没，大地清净，更雨新华。随其时节②，还复周遍。与前无异，如是六反。"

注释：

①兜罗绵：意译即"草木花絮"，这里是形容七宝树林飘花的纤细柔软。

②时节：古印度一昼夜分为六个时辰，即晨朝、日中、日没、初夜、中夜与后夜。因此，本段经文最后说"如是六反"，即花雨旋降旋停，一个昼夜要随时节变更而反复六次。

译文：

"风吹动七宝树林，漫天妙花，纷扬飘落，积聚成堆。缤纷夺目,遍满极乐佛土。各种色彩的花根据颜色的不同自然聚落,如锦如绘,色彩缤纷而不显丝毫凌乱。而且柔软光洁,如同细软花絮,脚踏其上,没脚深达四指,脚一抬起,又恢复原状,不留丝毫痕迹。过了正午,这些奇香妙花自然消失,大地上清净如初,新花又由天如雨而降。随着时辰的变更,循环往复地在整个极乐净土飘落、隐灭。像这样的情形,一个昼夜要反复六次。"

宝莲佛光第二十一

　　佛教以莲花为圣物，佛教净土宗更以莲宗为别名，阿弥陀佛极乐世界又称"莲刹"、"莲邦"，而念佛往生弥陀净土的人，都在莲花之中化生，因此莲花好像母胎，所以叫"莲胎"。凡此种种，皆显示了莲花与佛教特别是净土宗的特殊渊源。本品介绍西方极乐世界中莲花的殊胜功德。在弥陀佛国之中，宝莲遍满，皆具微妙色光，一一光中又化现无量诸佛，一一诸佛，演说佛法，安立无量众生，如此重重无尽，具有不可思议的无量功德，由此极显极乐世界具有华藏世界十玄妙门中的重重无尽玄门。

　　"又众宝莲华周满世界，一一宝华百千亿叶，其华光明，无量种色。青色青光，白色白光，玄黄朱紫，光色亦然。复有无量妙宝百千摩尼，映饰珍奇，明曜日月。彼莲华量，或半由旬，或一二三四，乃至百千由旬。一一华中，出三十六百千亿光；一一光中，出三十六百千亿佛。身色紫金，相好殊特。一一诸佛，又放百千光明，普为十方说微妙法。如是诸佛，各各安立无量众生于佛正道。"

　　译文：
　　"还有，在那极乐世界之中，遍布着各种由众宝所成的莲花,每一莲花,皆具百千亿叶,花体的光明,具有无数种颜色。
青色的花放出青光,白色的花放出白光,玄、黄、朱、紫色的花,
也都根据自身颜色放出相应的光。又有无量数的奇珍异宝、百
千种摩尼珠,与这些宝莲相互辉映,彼此装饰,斑斓夺目,胜过
日月。这些宝莲的大小,或是半由旬,或是一、二、三、四由旬,
乃至百千由旬。每一朵花中,放出三十六百千亿种光;每一种
光中,又示现出三十六百千亿尊佛。佛身都是紫磨真金色,相
好无比,殊胜庄严。每一尊佛,又放出百千种光明,广为十方世
界众生宣说微妙佛法。这些光中所示现的众佛,皆具无边真实
妙用,各各安立众生于佛教的正道之上。"

决证极果第二十二

　　"决证极果"之"决"是决定,"证"即证得,"极果"是圆满佛果、无上正等正觉。本品主题即是往生极乐世界者,决定证得无上正等正觉。本品对于极乐世界具有总结性质,篇幅不长,但含义深远。极乐世界清净庄严,其根本境界,则在于"般若智慧"。弥陀净土可谓境智冥合,因果如如。往生西方极乐世界者,内无取舍分别,所以外感亦能远离分别之境。如此,则智、境无不清净平等。所以极乐净土没有日月、星辰、昼夜、晦明等现象,也没有岁月、劫数等说法,同样还没有对家室的执着与留恋。唯一享有的是由清净之心所生发出的无上快乐,全都安住于正定之聚,注定要证得无上正等正觉。本品为"四十八本愿"中第二十九"住正定聚愿"、第十二"定成正觉愿"的成就。

　　"复次阿难:彼佛国土,无有昏暗、火光、日月、星曜、昼夜之象,亦无岁月、劫数之名,复无住著家室①。于一切处,既无标示名号②,亦无取舍分别,唯受清净最上快乐。若有善男子、善女人③,若已生,若当生,皆悉住于正定之聚,决定证于阿耨多罗三藐三菩提。何以故? 若邪定聚,及不定聚④,不能了知建立彼因故⑤。"

注释:

①住著家室:即执着与留恋于自己的家亲眷属。"住著"即执着、留恋。

②标示:即标志。

③善男子、善女人:原指佛教的"四众"弟子,即出家男女二众和在家男女二众,佛典中多指在家信佛男女,也可泛指一切信佛之人。净土宗更强调指听闻佛名生起信心,并持名念佛之男子、女人。

④正定之聚、邪定聚、不定聚:参前第六品"定聚"注释。

⑤彼因:即成立本品标题"决证极果"的原因,"决证"即决定证得,"极果"即圆满佛果、究竟成佛之果。

译文:

"阿难,接下来继续听我演说:在那阿弥陀佛的极乐净土,没有昏暗、火光、日月、星辰以及昼夜等现象,也没有岁月、劫数等说法,同样还没有对家亲眷属的执著与留恋。在所有的地方,既没有标志、名称,也没有取舍分别的行为,唯一享有的是由清净之心所生发出的最无上的快乐。十方世界之中具足信愿行的善男信女,或是过去往生极乐净土的,或是在将来应当往生极乐净土的,全都安住于正定之聚,注定要证得无上正等正觉。为什么这样说呢? 因为若是住于邪定聚或者不定聚,就都不能彻底了知建立决定成佛的妙因所在。"

十方佛赞第二十三

　　本品首先叙述了十方无量世界的一切诸佛,对于阿弥陀佛不可思议的无量功德的交口称颂,这个是阿弥陀佛"四十八大愿"中第十七"诸佛称叹愿"的成就。接着,又对"诸佛称叹"的原因进行了说明,即他们一心要使十方世界的一切众生,都能听闻阿弥陀佛的名号,生发清净无垢的信心,信受乐持阿弥陀佛名号,皈依供养阿弥陀佛,乃至能发坚定不二的清净信心,将所积所累的所有功德善根,以至诚之心回向发愿,往生阿弥陀佛极乐净土。

　　"复次阿难:东方恒河沙数世界,一一界中如恒沙佛,各出广长舌相①,放无量光,说诚实言,称赞无量寿佛不可思议功德。南西北方,恒沙世界,诸佛称赞,亦复如是。四维上下,恒沙世界,诸佛称赞,亦复如是。

注释:

①广长舌相:略名"广长舌"。佛的"三十二相"之一,舌广而长,柔软红薄,出口能盖覆面部到发际。又《观佛三昧海经》卷一称:"如来广长舌相,莲华叶形,上色五画,五彩分明,舌下十脉,众光流出,舌相广长,遍覆其面。"广长舌相象征佛辩才无碍,所言决定真实,这是无量劫以来,没有妄语、绮语、两舌、恶

口等过失,口业清净而感得的果报。

译文:

"阿难,接下来继续听我演说:在东方如恒河沙数那么多的世界,每一个世界又有如恒河沙数一样多的佛,每尊佛都示现象征其言说真实可信的广长舌相,放出无量光明,说出真实不虚的言语,无不称颂无量寿佛不可思议的无量功德。在南方、西方、北方如恒河沙数一样多的世界里的一切佛,也毫无二致地交口称颂阿弥陀佛不可思议的无量功德。东南、西北、东北、西南、上方、下方等各个方向,也有如恒河沙数那么多的十方世界,其一切众佛,对于阿弥陀佛不可思议的无量功德的称颂,也同样别无二致。

"何以故?欲令他方所有众生,闻彼佛名,发清净心,忆念受持①,归依供养②,乃至能发一念净信,所有善根,至心回向,愿生彼国。随愿皆生,得不退转,乃至无上正等菩提。"

注释:

①忆念受持:"忆"是忆佛之功德,"念"是念佛之名号,"受持"是信受佛法、坚持念佛修持永不间断。

②归依:又作"皈依"。指归敬依靠佛、法、僧三宝。归依的梵语含有"救济"、"救护"之义,即依佛、法、僧三宝的功德威力,能加持、摄导归依之人,使其出离三途六道无边苦海而得最终

解脱。

译文:

"为什么会是这样的呢?因为他们一心要使十方世界的一切众生,都能听闻阿弥陀佛的名号,生发清净无垢的信心,对阿弥陀佛专一心志,忆佛念佛,信受乐持阿弥陀佛名号,皈依供养阿弥陀佛,乃至能发坚定不二的清净信心,将所积所累的所有功德善根,以至诚之心回向发愿,往生阿弥陀佛极乐净土。如其所愿坚定修行,便决定能够随其行愿而往生,并成就永不退转的阿惟越致果位,直至最终证得究竟圆满、无上正等正觉的佛的智慧。"

三辈往生第二十四

　　这一品主要是讲往生极乐世界的众生,根据其信愿的深浅、发心的大小、持诵的多寡以及修习的勤惰等等分殊,分为各种不同的品类,本经将此品类归纳为三大类,就是上辈往生者、中辈往生者和下辈往生者。《观无量寿经》说得比较详细,分为九品,佛教有"三辈九品"之说,就是把《无量寿经》和《观无量寿经》中有关往生极乐净土者的品类合起来讲的缘故。值得注意的是,本品尽管将往生弥陀净土者分为三类,但有一个基本原则是唯一不变的,即若论其所以能够往生的关键原因,则莫不在于能"发菩提心,一向专念阿弥陀佛",而这也正是本经的纲领主旨所在。也就是说,如若往生,则信、愿、持名这三个条件,缺一不可。"三辈往生",为阿弥陀佛"四十八大誓愿"中第十八"十念必生愿"的成就,亦是所有誓愿中的核心及其最终落实。

　　佛告阿难:"十方世界诸天人民,其有至心愿生彼国。凡有三辈①:其上辈者,舍家弃欲而作沙门,发菩提心,一向专念阿弥陀佛②,修诸功德,愿生彼国。此等众生,临寿终时,阿弥陀佛,与诸圣众,现在其前,经须臾间,即随彼佛往生其国,便于七宝华中自然化生。智慧勇猛,神通自在。是故阿难,其有众生欲于今世见阿弥陀佛者,应发无上菩提之心,复当专念极乐国土,积

集善根，应持回向。由此见佛，生彼国中，得不退转，乃
至无上菩提。

注释：

①辈：辈分、等级、类别。这里主要是指类别。

②一向：佛教习语。指专向于一处，无杂念，无散乱之心，
也即一心、专心。也可指全然、彻底。这里主要是第一层意思。
专念：即专心忆念或专心称念。关于念佛法门，净土宗内部有
不同解说，一般认为念佛即称念阿弥陀佛名号，也有认为念佛
是忆念佛及佛土的功德或形象，也有认为两者兼综。

译文：

释迦牟尼佛告诉阿难说："十方世界的一切众生，其有至诚
信心追求往生西方极乐世界的，可分为三等人：上等的往生者，
要舍弃家庭，捐弃情欲，出家为僧，发菩提心，一心一意，专念阿
弥陀佛名号，至死不渝，修行六度波罗蜜等各种功德，发愿往生
西方极乐世界。这些众生，临到寿终之时，阿弥陀佛与极乐世
界的菩萨圣众，便会出现在他的面前，转瞬之间，便能随阿弥陀
佛往生西方极乐净土，在七宝池的莲花中自然化生。一化生便
得到智慧勇猛、神通自在的果报。所以，阿难，如果有众生想在
今生今世就能见到阿弥陀佛，就应该生发无上菩提之心，同时
应当专心持念西方极乐世界，积累种种功德善根，并把所修功
德回向往生西方极乐净土之愿。由此便可以在现世得见阿弥
陀佛，往生于极乐世界，成就永不退转的阿惟越致果位，乃至证

得无上正等正觉。

"其中辈者，虽不能行作沙门，大修功德，当发无上菩提之心，一向专念阿弥陀佛。随己修行，诸善功德，奉持斋戒，起立塔像①，饭食沙门，悬缯然灯②，散华烧香，以此回向，愿生彼国。其人临终，阿弥陀佛化现其身，光明相好，具如真佛。与诸大众，前后围绕，现其人前，摄受导引，即随化佛往生其国，住不退转，无上菩提。功德智慧，次如上辈者也。

注释：

①塔像："塔"指佛塔，"像"即佛像。"塔"是佛教的一种重要建筑类型，音译作"窣睹婆"、"窣堵婆"等，略译作"塔婆"、"佛图"、"浮图"、"浮屠"、"佛塔"等，意译为"高显处"、"功德聚"、"方坟"、"圆冢"、"大冢"、"塔庙"、"归宗"、"灵庙"等。原指为安置佛陀舍利等物，而以砖等构造而成的建筑物，后来又与不埋佛舍利的佛教建筑"支提"混同为一，泛指一切安置佛舍利、遗物以及诸佛菩萨像、佛陀足迹、祖师高僧遗骨、经文和各种法物等，而以堆土、石、砖、木等筑成，作为供养、礼拜、纪念的多层建筑物。佛塔的一般形制由台基、覆钵、平头、竿、伞五部分组成。早期的佛塔是一个半圆形的大土冢，如现存比较完整的印度桑奇大塔，中央是覆钵形塔体，塔顶上的方形平台和三层伞盖，塔的底部有基台和围栏，前面有阶梯上下。最外层还有绕塔围栏，供信徒环绕以作巡礼，围栏的四面各有一个牌坊状塔门。

汉传佛教的最具代表性的佛塔则主要是在覆钵式佛塔的基础上,与中国传统的楼阁式建筑结合而形成的楼阁式佛塔。楼阁式佛塔的特征是:每层之间的距离较大,塔的一层相当于楼阁的一层,各层面大小与高度,自下而上逐层缩小,整体轮廓为锥形。楼阁式塔的平面,唐代为方形,宋、辽、金时代为八角形,宋代还出现过六角形。明、清时代仍采用八角形和六角形。塔的位置最初在中国寺院中是处于中心地位的,唐代开始逐步发展为以佛殿为中心,塔被建于寺旁或寺后,还有的更另建塔院。

②悬缯(zēng)然灯:悬挂彩幡,点燃灯烛。缯,原意为绢帛类织物,这里指佛教礼佛的幡幢。然,同"燃",即点燃。

译文:

"中等的往生者,虽然不能出家为沙门,大修功德,但也应当发无上菩提之心,一心一意,专念阿弥陀佛名号,至死不渝。随自己的所能勉力修行,积功累德,如奉斋持戒,建佛塔、造佛像,以饭食供养出家僧众,在佛殿悬挂彩幡,点燃灯烛,献花焚香,等等,并用以上功德回向,发愿往生西方极乐世界。这些众生,在其寿命终了之时,阿弥陀佛会向他示现其化身,化身的光明相好与佛真身没有区别。又有极乐世界的菩萨圣众前后围绕在这化身佛旁,出现在这人面前,接纳导引,立刻便随阿弥陀佛的化身往生西方极乐世界,也可以得到阿惟越致不退转菩萨果位和正等正觉。但是这人的功德和智慧,则要略比上等的往生者略逊一筹。

"其下辈者,假使不能作诸功德,当发无上菩提之心,一向专念阿弥陀佛。欢喜信乐,不生疑惑,以至诚心,愿生其国。此人临终,梦见彼佛,亦得往生。功德智慧次如中辈者也。

译文:

"下等的往生者,假使不能如上、中等的往生者一样行诸功德,也应当发无上菩提之心,一心一意,专念阿弥陀佛名号。能欢喜、信仰、爱好、修行这一法门,没有丝毫疑惑和动摇并以至诚之心,发愿求生西方极乐净土。这些众生,在其临终之时,便可梦见阿弥陀佛,也能够得以往生西方极乐净土。但其所成就的功德智慧,又要比中等的往生者差了一截。

"若有众生住大乘者,以清净心,向无量寿,乃至十念,愿生其国。闻甚深法,即生信解,乃至获得一念净心。发一念心念于彼佛,此人临命终时,如在梦中,见阿弥陀佛,定生彼国,得不退转无上菩提。"

译文:

"如果还有专一修习大乘菩萨道其他法门的众生,虽没有专门修习阿弥陀佛净土法门,但能以无垢清净之心,向慕无量寿佛,然后持名念佛,甚至只需十念,发愿往生极乐世界。这些众生,听到渊深的佛法教理,也能立即生发信仰和理解之心,以至于获得一心专念阿弥陀佛的净心。如果他用这一心专念的净心，诵念阿弥陀佛的名号，则在其命终之时，如同在梦中一样，得以见到阿弥陀佛，这也一定能够往生极乐世界，得永不退转的阿惟越致果位，证得无上正等正觉。"

往生正因第二十五

　　本品为上一品"三辈往生"的进一步补充。"三辈往生"品更注重往生之后的位次,而本品则着重说明往生的因行。此两品互作经纬,彼此涵摄,上品三辈往生者之所行,其实就是往生正因;而本品中所揭示的往生正因,其结果就是上品中的往生三辈。具体而言,上辈往生者的正因在于:(一)受持本经,(二)求生净土,(三)发菩提心,(四)严守经戒,(五)饶益有情,(六)忆佛念佛。中辈往生者的正因在于:(一)修行十善,(二)昼夜念佛,(三)志心归依,(四)顶礼供养。下辈往生者的正因在于:(一)修行世俗善业,(二)忙里偷闲,一心清净,念佛往生。最后,本品还指出,往生极乐世界之人,尽管其因行有如上种种差异,但往生之后皆属大乘,皆能证得阿惟越致不退转果位,都具有三十二种大人相的黄金色身,都必将成佛。

　　"复次阿难:若有善男子,善女人,闻此经典,受持读诵,书写供养,昼夜相续,求生彼刹,发菩提心,持诸禁戒,坚守不犯。饶益有情,所作善根,悉施与之,令得安乐。忆念西方阿弥陀佛,及彼国土。是人命终,如佛色相种种庄严,生宝刹中,速得闻法,永不退转。

译文:

"阿难,接下来继续听我说法:如果有善男信女,听说到这部《无量寿经》,能够信受、读诵、抄写、供养,无论白天黑夜,一刻不休地发愿往生西方极乐世界,发大菩提道心,奉持种种戒律,坚定恪守而无丝毫违犯。广做善事以利益众生,并将行善所积的一切功德善根,全无保留地奉献布施给一切众生,使他们离诸苦海而得安乐。同时又能发心忆念西方阿弥陀佛,追求往生极乐净土。则在其命终之时,便会有像佛一样庄严色相,往生于西方极乐净土,并立即能够听闻佛法,证得阿惟越致不退转菩萨果位。

"复次阿难:若有众生,欲生彼国,虽不能大精进禅定,尽持经戒,要当作善。所谓:一不杀生,二不偷盗,三不淫欲,四不妄言,五不绮语,六不恶口,七不两舌,八不贪,九不瞋,十不痴[1]。如是昼夜思惟,极乐世界阿弥陀佛,种种功德,种种庄严,志心归依,顶礼供养。是人临终,不惊不怖,心不颠倒,即得往生彼佛国土。

注释:

①"一不杀生"几句:为佛教所谓"十善"。"十善"以三种身业(不杀生、不偷盗、不淫欲)、四种语业(不妄语、不绮语、不恶口、不两舌)及三种意业(不贪欲、不嗔恚、不邪见)所组成的,又称"十善道"、"十善业道"、"十善根本业道"或"十白业道"。大乘佛教认为,"十善"是世间善行的总称,也是一切出世间善行

的基础。"不淫欲"又称"不邪淫",指不与配偶之外的人行淫。"不妄言"指不说假话诓骗他人。"不绮语"指不说淫邪不正诱人为恶之语。"不恶口"即不恶语伤人。"不两舌"指不搬弄是非、离间他人。"不贪"即"不贪欲",指对外物不起贪心。"不瞋"即"不嗔恚",指对他人不生嗔怒恨恼之心。"不痴"即"不邪见",指对事对理没有偏邪异见,不混淆是非,而能明白了解事理因果的真相。

译文:

"阿难,接下来继续听我说法:如果有众生想往生西方极乐世界,虽然不能在禅定等修习上勇猛精进,又不能完全奉行持守经教戒律,但务必要尽其所能断除恶业,修十善业。即所谓:一不杀生,二不偷盗,三不放纵淫欲,四不说假话,五不说奉承话,六不恶语伤人,七不搬弄是非,八不贪得无厌,九不憎忿怒恼,十不痴心妄想。依此十种善业为基础,集中精力,夜以继日地专心忆念阿弥陀佛的种种功德及其极乐净土的种种庄严,坚决信念,发心皈依,向佛虔心礼敬,悉心供养。在其临终之时,便不会惊慌恐怖,心神安定平和而不颠倒迷乱,立时往生西方极乐净土。

"若多事物①,不能离家,不暇大修斋戒②,一心清净,有空闲时,端正身心,绝欲去忧,慈心精进。不当瞋怒、嫉妒,不得贪餮悭惜③,不得中悔④,不得狐疑。要当孝顺,至诚忠信。当信佛经语深,当信作善得福。奉持如是等法，不得亏失。思惟熟计，欲得度脱，昼夜常念，愿欲往生阿弥陀佛清净佛国。十日十夜，乃至一日一夜，不断绝者，寿终皆得往生其国，行菩萨道。

注释：

①多事物：即俗间事务繁忙。

②不暇：没有空闲的时间。

③贪餮(tiè)："贪"即贪婪。"餮"即饕餮，为传说中的一种凶恶贪食的野兽，多用于比喻凶恶贪婪或贪吃不厌的人。这里可解释为贪得无厌。

④中悔：即中途后悔，佛教代指先信后疑，信仰不坚固。

译文：

"如果有的众生因有诸多俗事缠身，不能够出家修行，又没有时间来大修斋戒而难得一心清净，那他应当一有空闲，便端身正意，断绝物欲诱惑，舍弃得失忧患，待人以慈悲之心，律己以精进修持。不憎怒忿恨，不生嫉妒之心，不贪得无厌、悭惜吝啬，不出尔反尔、中途反悔，不满腹狐疑、四下猜忌。要孝顺父母，诚心待人，恪尽职守，言出必果。要深信佛之经教义理深广，要深信行善得福的因果报应之理。至心奉持上面所说的诸条原则，不得有所亏失折扣。为了脱离生死苦海而深思熟虑，无论白天黑夜，时时忆念阿弥陀佛，发愿往生阿弥陀佛极乐净土。如此不停歇执持忆念十天十夜，甚至只要一天一夜，命终之后也一定可以往生西方极乐世界，修行菩萨道。

"诸往生者,皆得阿惟越致,皆具金色三十二相,皆当作佛。欲于何方佛国作佛,从心所愿。随其精进早晚,求道不休,会当得之,不失其所愿也。

译文:

"修行菩萨道往生西方极乐世界的人,都可证得阿惟越致不退转果位,都具有三十二种大人相的黄金色身,都必将成佛。想到哪一方佛国净土作佛,都可从心所愿。至于成佛之期,便要随其人精进努力的程度而有早晚之分,但只要求道不息,就决不会违失其成佛之本愿,一定能够成佛。

"阿难,以此义利故,无量无数不可思议无有等等、无边世界①,诸佛如来,皆共称赞无量寿佛所有功德。"

注释:

①无有等等:即没有差别等级。

译文:

"阿难,由于这个往生法门能将如此众多真实究竟的利益普施众生,所以无量无数、不可思议、没有等差、无边世界里的诸佛如来,都共同称颂无量寿佛所具有的功德。"

礼供听法第二十六

　　上两品主要讲极乐世界的菩萨，本品则是讲他方世界诸菩萨众，都来到极乐世界，礼拜供养阿弥陀佛。阿弥陀佛悯念来者，于是为他们宣演妙法，十方世界诸大菩萨无不欢喜听受，交口盛赞弥陀净土功德庄严。本品的主体是释迦牟尼佛以偈颂的形式展开，首先是诸大菩萨对于阿弥陀佛及其佛国净土的赞叹，并由此发往生之愿；其次是阿弥陀佛对众菩萨演说净土法门，要他们通达一切法的真如实相，了知一切法皆是空、无我，然后立大誓愿，专求净土，方能获得决定成佛不退转的授记。

　　"复次阿难！十方世界诸菩萨众，为欲瞻礼极乐世界无量寿佛，各以香华幢幡宝盖，往诣佛所，恭敬供养，听受经法，宣布道化①，称赞佛土功德庄严。"
　　尔时世尊即说颂曰：
　　　　东方诸佛刹，数如恒河沙。
　　　　恒沙菩萨众，往礼无量寿。
　　　　南西北四维，上下亦复然。
　　　　咸以尊重心，奉诸珍妙供。
　　　　畅发和雅音，歌叹最胜尊②。
　　　　究达神通慧，游入深法门。

闻佛圣德名③，安隐得大利。

种种供养中，勤修无懈倦。

观彼殊胜刹，微妙难思议。

功德普庄严，诸佛国难比。

因发无上心，愿速成菩提。

应时无量尊，微笑现金容。

光明从口出，遍照十方国。

回光还绕佛，三匝从顶入。

菩萨见此光，即证不退位。

时会一切众，互庆生欢喜。

佛语梵雷震，八音畅妙声④。

十方来正士，吾悉知彼愿。

志求严净土，受记当作佛。

觉了一切法，犹如梦幻响。

满足诸妙愿，必成如是刹。

知土如影像，恒发弘誓心。

究竟菩萨道，具诸功德本。

修胜菩提行，受记当作佛。

通达诸法性，一切空无我。

专求净佛土，必成如是刹。

闻法乐受行，得至清净处。

必于无量尊，受记成等觉。

无边殊胜刹⑤，其佛本愿力。

闻名欲往生,自致不退转。

菩萨兴至愿,愿己国无异。

普念度一切,各发菩提心。

舍彼轮回身,俱令登彼岸。

奉事万亿佛,飞化遍诸刹⑥。

恭敬欢喜去,还到安养国⑦。

注释:

①宣布道化:"宣布"即宣扬传布,"道化"指以佛道来化导。

②最胜尊:即阿弥陀佛。

③圣德名:即阿弥陀佛的名号。

④八音:又作"八种清净音"、"八种梵音声"、"八梵"。谓如来所发音声,具有八种殊胜功德,能使众生闻即解悟。具体包括:(一)极好音,又作"最好声"、"悦耳声"。指一切诸天、二乘、菩萨,所发音声虽各有动听之处,但却未达最高境界,只有如来所发音声能使听闻者永无厌倦,甚至能由此契入佛道,为好中之最。(二)柔软音,又作"濡软声"、"发喜声"。指佛以慈善为心,所出音声巧顺物情,能使听者喜悦欢愉,皆舍刚强倔犟之心。(三)和适音,又作"和调声"、"和雅声"。指佛所发出的音声和雅协调,能使听者内心融和妥适,因声会理。(四)尊慧音,又作"入心声"。指如来所发出的音声能使听者心生尊重敬仰,同时还能慧悟佛理。(五)不女音,又作"无厌声"。指佛有大雄之德,所发出的音声具足四无畏,能使一切听者心生敬畏,天魔外道,无不归伏,决不会像女子的娇声。(六)不误音,又作分明

声。指佛智圆明,照了无碍,所发出的音声真实无谬,并使听者各获正见。(七)深远音,又作"深妙音"。指佛智幽深,行位高极,所发出的音声自近而远,彻至十方,远近皆宜,无不开悟深远佛理。(八)不竭音,又作"易了声"。指如来愿行无尽,妙义高远,所发出的音声使听者反复寻绎,回味无穷。

⑤殊胜刹:指极乐世界。

⑥飞化:即飞行游化。

⑦安养国:极乐世界的别名。

译文:

"阿难,接下来继续听我说法。十方世界的诸多菩萨大众,为了想瞻仰礼拜极乐世界的无量寿佛,都带着香花、幢幡、宝盖,来到极乐世界阿弥陀佛的住所,以无比恭敬之心供养阿弥陀佛,聆听接受阿弥陀佛讲授的经法,然后在十方世界宣传散布所闻经教,并以之化导众生,称颂极乐世界的功德庄严。"

释迦牟尼佛又随即口说一颂,以此偈颂称赞阿弥陀佛道:

东方诸佛刹,数如恒河沙。

恒沙菩萨众,往礼无量寿。

南西北四维,上下亦复然。

咸以尊重心,奉诸珍妙供。

畅发和雅音,歌叹最胜尊。

究达神通慧,游入深法门。

闻佛圣德名,安隐得大利。

种种供养中，勤修无懈倦。

观彼殊胜刹，微妙难思议。

功德普庄严，诸佛国难比。

因发无上心，愿速成菩提。

应时无量尊，微笑现金容。

光明从口出，遍照十方国。

回光还绕佛，三匝从顶入。

菩萨见此光，即证不退位。

时会一切众，互庆生欢喜。

佛语梵雷震，八音畅妙声。

十方来正士，吾悉知彼愿。

志求严净土，受记当作佛。

觉了一切法，犹如梦幻响。

满足诸妙愿，必成如是刹。

知土如影像，恒发弘誓心。

究竟菩萨道，具诸功德本。

修胜菩提行，受记当作佛。

通达诸法性，一切空无我。

专求净佛土，必成如是刹。

闻法乐受行，得至清净处。

必于无量尊，受记成等觉。

无边殊胜刹，其佛本愿力。

闻名欲往生，自致不退转。

菩萨兴至愿，愿己国无异。

普念度一切,各发菩提心。
舍彼轮回身,俱令登彼岸。
奉事万亿佛,飞化遍诸刹。
恭敬欢喜去,还到安养国。

歌叹佛德第二十七

上一品是讲十方世界诸菩萨众来到西方极乐世界礼佛、听法,本品则谈到极乐世界的菩萨众遍至十方,礼供诸佛,随即还归本土听闻妙法。西方极乐世界的菩萨,仰承阿弥陀佛神威之力的加持,能够用一顿饭的工夫,往复于十方无边无量的佛国净土,供养诸佛。供佛所需的花、香、幢、幡等供养之具,随其心意,立时而至。品末还介绍了诸天圣众供奉阿弥陀佛及其净土菩萨的胜因,即都是由于无量寿佛本愿功德加持以及他们在过去世中曾经供养无量诸佛如来,所积累的善根延续下来而无丝毫缺失减损的缘故,同时也是他们善于修习、摄取、成就佛法的缘故。

佛语阿难:"彼国菩萨,承佛威神,于一食顷,复往十方无边净刹,供养诸佛。华香幢幡,供养之具,应念即至,皆现手中。珍妙殊特,非世所有,以奉诸佛及菩萨众。

译文:

释迦牟尼佛对阿难说:"西方极乐世界的菩萨,仰承阿弥陀佛神威之力的加持,能够用一顿饭的工夫,往复于十方无边无量的佛国净土,供养诸佛。供佛所需的花、香、幢、幡等供养之具,随其心意,立时而至,出现于手中。这些供品珍贵、美妙,奇特超凡,绝非俗世所有,都被奉献给十方世界的一切诸佛及菩萨大众。

"其所散华,即于空中,合为一华,华皆向下。端圆周匝,化成华盖,百千光色,色色异香,香气普薰。盖之小者,满十由旬,如是转倍①,乃至遍覆三千大千世界。随其前后,以次化没。若不更以新华重散,前所散华终不复落。于虚空中共奏天乐,以微妙音歌叹佛德。

注释:

①转倍:不断倍增扩大。

译文:

"所有散下的香花,能立时在空中合成一花,所有花心全部向下,花边端正浑圆,完满周遍,化成一个硕大的华盖,华盖放射百千种缤纷斑斓的光色,每一种光色都放出不同的异香,香气遍薰十方世界。华盖中最小的也足有十由旬大,然后不断地自然倍增,直至能遍满覆盖三千大千世界。所有妙花都缓缓飘落,随着落下的先后顺序,渐次隐没。如果不再次在空中撒下新花,则前面所撒下的花就不会落下。在虚空之中,还有美妙天乐的合奏,并用极尽微妙的音声,歌颂着佛的殊胜功德。

"经须臾间,还其本国,都悉集会七宝讲堂。无量寿佛,则为广宣大教,演畅妙法。莫不欢喜,心解得道。即时香风吹七宝树,出五音声。无量妙华,随风四散,自然供养,如是不绝。一切诸天,皆赍百千华香①,万种伎乐②,供养彼佛,及诸菩萨声闻之众。前后往来,熙怡快乐③。此皆无量寿佛本愿加威,及曾供养如来,善根相续,无缺减故,善修习故,善摄取故,善成就故。"

注释:

①赍(jī):携带,资助。这里指携带。

②伎(jì)乐:由乐人演奏、表演的音乐、舞剧等。伎,多指女性歌舞艺人,或泛指一切歌舞表演。

③熙怡:喜悦愉快。

译文:

"极乐世界的菩萨圣众在同时供养十方世界诸佛之后,转瞬之间,便又全都回到极乐世界,全部聚集于七宝所成的讲堂。无量寿佛在此为他们宣说大教,畅演妙法。菩萨们听闻阿弥陀佛的宣教之后莫不欢欣鼓舞,心开意解,悟入圣道。这时,便立时有香风吹拂七宝所成圣树,发出微妙和美的交响乐声。无数神奇美妙香花,一时随风四下散布,自然供养于佛。这样的神妙情景,相续不绝。一切诸天圣众,全都手捧百千种散发妙香的鲜花,演奏出万种器乐,来供养阿弥陀佛以及法会上的诸大菩萨和声闻大众。大众前后往来,熙熙攘攘,满心喜悦、欢欣。这都是由于无量寿佛本愿功德加持以及他们在过去世中曾经供养无量诸佛如来,所积累的善根延续下来而无丝毫缺失减损的缘故,同时也是他们善于修习佛法、善于摄取佛法、善于成就佛法的缘故。"

大士神光第二十八

本品开始介绍极乐世界大菩萨众的神通光明,其神通可以做到"洞视、彻听八方、上下、去来、现在之事",其光明或至一寻、或达百由旬。而在诸圣众之中,特别提到了观世音菩萨和大势至菩萨,认为他们在极乐世界诸菩萨众中,最尊第一。他们的威神光明,普照三千大千世界;他们利乐众生的功德,亦远在其他菩萨之上。品末还特别介绍,世间的善男信女,如果有紧急危难恐怖之事,只要一心皈依、称念观世音菩萨,就无不能够得到迅速解脱。

佛告阿难:"彼佛国中诸菩萨众,悉皆洞视,彻听八方、上下、去来、现在之事。诸天人民,以及蜎飞蠕动之类,心意善恶,口所欲言,何时度脱,得道往生,皆豫知之[①]。又彼佛刹诸声闻众,身光一寻[②],菩萨光明,照百由旬。有二菩萨,最尊第一,威神光明,普照三千大千世界。"

注释:

①豫知:预先知道。

②寻:中国古代的一种长度单位,相当于两臂伸开的长度。多以八尺为一寻,也有以七尺为一寻。

译文：

释迦牟尼佛对阿难说："西方极乐世界中的一切菩萨大众，都能够透彻明晰地照察、倾听到八方上下、过去未来现在的一切事情。对十方世界的诸天人民乃至于飞蝇爬虫之类一切有情众生心意的善与恶、想要说出的话以及何时能够度脱苦海、何时能够得道往生极乐世界等等问题，他们都能预先知晓。另外，西方极乐世界的诸声闻众，身上发出的光明可以照亮一由之地；而菩萨的光明，则可照亮方圆百由旬之地。其中有两尊菩萨，最为尊贵，堪称第一，他们的威神光明普照三千大千世界。"

阿难白佛："彼二菩萨，其号云何？"佛言："一名观世音①，一名大势至②。此二菩萨，于娑婆界③，修菩萨行，往生彼国，常在阿弥陀佛左右。欲至十方无量佛所，随心则到。现居此界，作大利乐④。世间善男子，善女人，若有急难恐怖，但自归命观世音菩萨，无不得解脱者。"

注释：

①观世音：即"观世音菩萨"的简称，又作"光世音菩萨"、"观自在菩萨"、"观世自在菩萨"、"观世音自在菩萨"、"现音声菩萨"、"窥音菩萨"，略称"观音菩萨"，别称"救世菩萨"、"莲华手菩萨"、"圆通大士"。观世音菩萨以大慈大悲救济众生的行愿而闻名。据称，凡遇难众生诵念其名号，菩萨能即时观其音

声而前往施救,故称"观世音菩萨";又因其遍观众生苦乐,能随其机缘,随宜示现不同身相,自在无碍地拔苦施乐,故又称"观自在菩萨"。观世音菩萨与大势至菩萨同为西方极乐世界阿弥陀佛之胁侍(观世音菩萨为左胁侍),世称"西方三圣"。在整个佛教菩萨信仰中,观世音菩萨是最为人们熟知的菩萨,泛传于印度、西域,乃至中国、西藏、日本、南海等地,有关其信仰史事亦为数最多,其中有不少混入了后世当地所兴起的民间信仰的内容。自西晋竺法护《法华经》译出后,中国亦大兴观世音信仰。自北魏以后,造观世音像之风益盛,今大同、龙门等地存有遗品甚多。隋唐以后,随着密教之传入,诸种观世音像亦被造立,如敦煌千佛洞的菩萨像,观世音像即居大半。相传其显灵说法的道场在我国浙江普陀山,其生日为阴历二月十九日,出家日为九月十九日,成道日为六月十九日。

②大势至:即"大势至菩萨"的简称。又译作"得大势菩萨"、"大势志菩萨"、"大精进菩萨",或简称"势至"、"势志"。与观世音菩萨同为阿弥陀佛的胁侍(大势至菩萨为右胁侍),亦为"西方三圣"之一。相对于观音的代表慈悲,大势至菩萨象征智慧。《观无量寿经》云:"以智慧光普照一切,令离三涂,得无上力,是故号此菩萨名大势至。"依《楞严经》所载,大势至菩萨在因地所修的是念佛三昧,因此,他也以念佛法门教导众生,他开示的法门是:"都摄六根,净念相继,得三摩地,斯为第一。"这种法门,在后世也成为我国净土修行者的重要准则。

③娑婆界:意译"忍"、"堪忍"、"能忍"、"忍土"。即是指释迦牟尼进行教化的我们人类所在的现实世界。这一世界的

众生安于十恶，忍受贪、瞋、痴等种种烦恼，不肯出离，刚强难化，故名为忍。娑婆国土为三恶五趣杂会之所，所以又译作"杂恶"、"杂会"。"娑婆"一词原指我们人类所居住的阎浮提，后世逐渐成为释迦牟尼佛所教化的"三千大千世界"的代称，并以释迦牟尼佛为娑婆世界的本师。

④大利乐：即大利益，大安乐。

译文：

阿难问道："这两尊菩萨的名号是什么呢？"释迦牟尼佛答道："一尊名叫观世音菩萨，一尊名叫大势至菩萨。这两尊菩萨在娑婆世界修菩萨行，往生极乐世界时，便常常随侍于阿弥陀佛左右。他们如果想去十方无量佛国，都能随心所欲，立时到达。现在他们居住于我们所在的娑婆世界，教化众生远离恶趣，求生弥陀净土。世间的善男信女，如果有紧急危难恐怖之事，只要一心皈依、称念观世音菩萨，无不能够得到解脱。"

愿力宏深第二十九

本品承接上一品,继续介绍西方极乐世界诸菩萨的功德,特别指出,弥陀净土的大菩萨无不愿力宏深,决定成就一生补处,也即能够一生而成佛。虽生极乐世界,也不舍弃他方世界六道众生,自愿示现于六道轮回的生死世间,为度化一切众生往生净土,而宣说弘扬德威并具的佛法。当然,尽管他们示现与五浊恶世众生同类的色身,但他们从修行之始直到成佛,都不会遭受真实的恶趣之苦。如此辗转救度,令无量众生皆得解脱,往生成佛。而西方极乐世界尽管往生者无量无边,但其人数规模,并不为之增加,堪称恒常不变的一真法界。因此,品末又盛赞了阿弥陀佛的恩德深广无极。本品所述,为阿弥陀佛"四十八大誓愿"中第三十五"一生补处愿"及三十六"教化随意愿"的成就。

"复次阿难:彼佛刹中,所有现在,未来,一切菩萨,皆当究竟一生补处。唯除大愿,入生死界①,为度群生,作师子吼。摞大甲胄②,以弘誓功德而自庄严。虽生五浊恶世③,示现同彼,直至成佛,不受恶趣。生生之处,常识宿命。

注释:

①入生死界:指轮回于有生有死的六道之中。

②攌(huàn)大甲胄:"攌"即穿,原意为身披铠甲。这里是比喻众菩萨严持戒律,示现无畏勇猛的德相。也有解为比喻诸菩萨以誓愿为铠甲,护卫本身慧命。

③五浊:又作"五滓"。指减劫(人类寿命次第减短的时代)中所起之五种滓浊,也即末法时代一切众生的五种恶劣的生存状态。具体为:一、命浊,是众生因烦恼丛集,心身交瘁,寿命短促;二、众生浊,是世人每多弊恶,心身不净,不达义理;三、烦恼浊,是世人贪于爱欲,嗔怒诤斗,虚诳不已;四、见浊,是世人知见不正,不奉正道,异说纷纭,莫衷一是;五、劫浊,是生当末世,饥馑疾疫刀兵等相继而起,生灵涂炭,永无宁日。

译文:

"阿难,接下来继续听我说法。西方极乐世界中所有现在往生的、未来往生的一切菩萨,都决定能证得究竟'一生补处'的果位。除非他们发下宏大誓愿,自愿示现于六道轮回的生死世间,为度化众生,而宣说弘扬德威并具的佛法。这些大菩萨,身披宏深誓愿的铠甲,以修行宏深誓愿的功德而自行庄严。虽投生于五浊恶世,示现与五浊恶世众生同类的色身,但他们从修行之始直到成佛,都不会遭受真实的恶趣之苦。他们生生于现世,却都能知晓过去将来的一切宿命。

"无量寿佛意欲度脱十方世界诸众生类,皆使往生其国,悉令得泥洹道①。作菩萨者,令悉作佛。既作佛已,转相教授,转相度脱。如是辗转,不可复计。十方世界，声闻菩萨，诸众生类，生彼佛国，得泥洹道，当作佛者，不可胜数。彼佛国中，常如一法，不为增多。所以者何？犹如大海，为水中王，诸水流行，都入海中，是大海水，宁为增减？

注释：

①泥洹（huán）：为"涅槃"的异译，又名"灭度"，指灭尽烦恼和度脱生死的境界。

译文：

"无量寿佛为了度脱十方世界的一切众生，使他们都能往生西方极乐世界，使他们都证得涅槃之道。修行菩萨道的，令他们全部成佛。成佛之后，又都重回世间去教化众生，使众生度脱三界生死苦海。像这样辗转教化、辗转度脱，没有尽期，得度众生的数量，也无法数计。因此，十方世界的声闻、菩萨以及一切众生，其往生西方极乐世界、证得涅槃之道，必当成佛的人数，数不胜数，不可计量。西方极乐世界是恒常不变的一真法界，往生极乐净土的人数再多，其人数也不会有所增加。这是什么缘故呢？这种情形犹如大海，大海为众水之归、水中之王，江河湖渠中的所有水都同归于海，但这大海的水，难道会为此而有所增减吗？

"八方上下，佛国无数，阿弥陀国，长久广大，明好快乐，最为独胜。本其为菩萨时，求道所愿，累德所至。

无量寿佛，恩德布施八方上下，无穷无极，深大无量，不可胜言。"

译文：

"十方世界的佛国净土无量无尽，而阿弥陀佛的佛国净土，恒久长存，广大无边，清净光明，美好庄严，快乐适意，在无量无尽的诸佛国净土之中最为殊胜。这都是阿弥陀佛于因地做菩萨时求道所发弘深大愿，并于无量时劫积功累德的殊胜所造成的。无量寿佛以此恩德普施十方世界，功德无法穷尽没有极限，深广宏大，无可计量，难以言表。"

菩萨修持第三十

　　本品继续承续上一品,对西方极乐世界诸大菩萨中的功德进行解说。本品着重介绍弥陀净土菩萨自觉觉他的胜妙修行之道。其中包括:一、菩萨自利德行;二、菩萨利他德行;三、德行圆满境界。菩萨自利德行是指他们的禅定、智慧、神通、威德,无一不是圆满具足,对于诸佛如来所说的深秘玄奥的陀罗尼法,也都究竟契入,修行七觉圣道,并修佛果地上照真达俗的五眼神通。菩萨利他德行则又包括两个方面:(一)辩才无碍,善解方便,演说正法,度诸有情;(二)遍游佛刹,舍离执着,大悲心起,普利众生。德行圆满境界则指诸大菩萨们了知世间一切诸法皆是虚妄,平等空寂。故能于三界之中,平等勤修,最终"究竟一乘,至于彼岸"。

　　"复次阿难:彼佛刹中,一切菩萨,禅定、智慧、神通、威德,无不圆满。诸佛密藏①,究竟明了。调伏诸根②。身心柔软③,深入正慧,无复余习④,依佛所行,七觉圣道⑤,修行五眼⑥,照真达俗。肉眼简择,天眼通达,法眼清净,慧眼见真,佛眼具足,觉了法性。

　　注释:

　　①密藏:是法身如来所说的深秘玄奥的真实语。《二教论》

云:"法佛谈话谓之密藏,言秘奥实说。"也有将"密藏"解为能总持一切善法的陀罗尼。如《僧史略》称:"密藏者,陀罗尼法也。是法秘密,非二乘境界诸佛菩萨,所能游履也。"这即是说,诸佛"密藏"深善隐密,不是小乘圣人所能明了和实践的。

②调伏诸根:"调"即调和,"伏"即制伏。"调伏诸根"是指调和控御身口意三业,制伏除灭诸恶烦恼,使六根清净无染。

③身心柔软:指身心柔和而随顺于正道,与刚强倨犟、粜骜不驯相对。

④余习:又作"残习"、"余气"、"习气"。指虽能断除烦恼,但仍然存在残余习气。大乘佛教认为,二乘不能断除余习,只有佛能断除。

⑤七觉圣道:即佛教所谓的"七觉支"与"八圣道"。"七觉支"全名"七等觉分"或"七遍觉支",又称"七菩提分"、"七觉分"、"七觉意"、"七觉"等。"三十七道品"分为七科时,此七法位列第六。所谓"觉支",意指到达开悟之前的修行项目。"七觉支"即是指趣向菩提的七种修行法。在三十七菩提分法的七种修行道中,七觉支被认为是最高层次的修行法。具体而言,包括:1. 择法觉支:择即拣择,指以智慧观察诸法时,能简别真伪,不谬取虚伪法。2. 精进觉支:即对于所修法,努力精进不懈。也就是修诸道法时,能觉了且息止无益的苦行,而于真正法中,专心一意,无有间歇。3. 喜觉支:喜谓欢喜,心契悟于真法而得欢喜时,能觉了此法是否从颠倒法生,因此而住于真正的法喜。4. 除觉支:除谓断除,即断除诸见、烦恼时,能觉了、能弃除虚伪法,并增长真正的善根。5. 舍觉支:舍是舍离,即舍离

所见与所执着之境时,能觉了且永不追忆虚伪不实之法。6. 定觉支:定指禅定,即发禅定时,能觉了诸禅不生烦恼妄想。7. 念觉支:念是忆念,即修诸道法时,能忆念而令定慧均等,不昏沉、不浮动。"八圣道"即"八正道",亦称"八支正道"、"八支圣道"。意谓达到佛教最高理想境地(涅槃)的八种方法和途径。具体包括:1. 正见:正确的见解,亦即坚持佛教四谛的真理;2. 正思惟:又称"正志",即根据四谛的真理进行思维、分别;3. 正语:即说话要符合佛陀的教导,不说妄语、绮语、恶口、两舌等违背佛陀教导的话;4. 正业:正确的行为。一切行为都要符合佛陀的教导,不做杀生、偷盗、邪淫等恶行;5. 正命:过符合佛陀教导的正当生活;6. 正方便:又称"正精进",即毫不懈怠地修行佛法,以达到涅槃的理想境地;7. 正念:念念不忘四谛真理;8. 正定:专心致志地修习佛教禅定,于内心静观四谛真理,以进入清净无漏的境界。佛教也和其他宗教一样,认为只有自己的教义才是真理,其他宗教及各派哲学都是邪见。因而把"正见"当作最根本、最重要的一道,而其余七道则都是在正见的基础上进行精进不懈的修行。"八正道"最初是针对婆罗门教和耆那教的苦行主义和"六师"中一些派别的享乐主义而提出的,佛陀提倡不苦不乐的中道,因此原始佛教也把"八正道"称为"中道"。

⑥五眼:即指肉眼、天眼、慧眼、法眼、佛眼。佛教认为,只有佛才能圆满具足五眼。详参本经"德遵普贤"品相关注释。

译文:

"阿难,接下来继续听我说法:西方极乐世界中的一切菩萨,其禅定、智慧、神通、威德,无一不是圆满具足的。对于诸佛如来所说的深秘玄奥的陀罗尼法,也都究竟契入,无不洞达明了。他们调和、制伏身、口、意诸业,以离垢去恶。身心清净柔软而随顺正道,深入于如来的真实智慧,不再有烦恼断后的残余习气,依照阿弥陀佛的教化,修行慧(择法)觉、精进觉、喜觉、念觉、轻安觉、定觉、行舍觉七种觉悟;修行正见、正思惟、正语、正业、正命、正精进、正念、正定八种圣道;修行肉眼、天眼、法眼、慧眼、佛眼等佛果地五眼,照见诸法实相,洞达宇宙万法。'肉眼'只能分别现前色相;'天眼'能彻见远近、内外、前后、上下种种色相,得见十方恒沙世界众生的死生业果;'法眼'能遍观世间、出世间的一切诸法,及知一切众生的种种心理行为;'慧眼'能彻照宇宙人生万有的事实真相;'佛眼'无所不见,具足一切眼的圆满功用,对一切事理因果都通达明了,觉了诸法实性而不起分别。

"辩才总持①,自在无碍。善解世间无边方便。所言诚谛②,深入义味③。度诸有情,演说正法,无相无为④,无缚无脱,无诸分别,远离颠倒⑤。于所受用,皆无摄取,遍游佛刹,无爱无厌,亦无希求不希求想,亦无彼我违怨之想。

注释:

①辩才总持:即总持辩才,指具足种种善权说法的才能。"总持"亦可解为持念一切善法不失的陀罗尼,则"辩才总持"意

指获得辩才陀罗尼。

②诚谛:即诚恳真实

③义味:义即义理,味即意趣。

④无相:意指一切诸法皆无自性,本性为空,无形相可得,故称"无相"。另据北本《大般涅槃经》卷三十"师子吼菩萨品"载,涅槃无色相、声相、香相、味相、触相、生相、住相、坏相、男相、女相等十相,故涅槃又称"无相"。无为:即无造作。又作"无为法",指非由因缘所造作,离生灭变化而绝对常住之法。原为"涅槃"的异名,后世在"涅槃"以外又立种种无为,于是产生"三无为"、"六无为"、"九无为"等说。如小乘各部派中,说一切有部立择灭无为、非择灭无为、虚空无为,合为"三无为"。大众部等则于"三无为"之外,立空无边处、识无边处、无所有处、非想非非想处等四无色处,及缘起支性(十二缘起之理)、圣道支性(八圣道之理)等,总为"九无为"。大乘唯识宗在"三无为"外,别立不动无为、想受灭无为、真如无为,合为"六无为",等等。佛教认为,真如、法性、法界、实相等皆为无为法,而涅槃乃一切无为法中的最殊胜者。

⑤颠倒:佛教术语。略称"倒"。意指违背常道、正理,如以无常为常,以苦为乐等反于本真事理的妄见。对于颠倒的分类,诸经论所说有二颠倒、三颠倒、四颠倒、七颠倒、八颠倒、十颠倒、十二颠倒等多种说法,兹不具述。

译文:

"极乐世界的诸大菩萨,无不具足种种辩才,自在圆通,无障无碍,清楚了知一切众生的根性与好恶,随其根机,善巧说法。所说之法真切笃实,深入于义理法味。为济度一切有情众生,宣说如下正法:无假有之相,无造作之为,无烦恼之缚,无涅槃之想,无法界理体诸虚妄分别,远离一切颠倒妄想。极乐世界诸大菩萨对于一切受用之物,都不执着,遍游十方佛国世界,从无喜爱或厌恶的两执之念;没有希求、不希求的念头;也没有人我之分,更无亲疏恩怨的考量。

"何以故? 彼诸菩萨,于一切众生,有大慈悲利益心故,舍离一切执著,成就无量功德,以无碍慧,解法如如①。善知集灭②,音声方便③,不欣世语,乐在正论。知一切法,悉皆空寂。生身烦恼,二余俱尽④。于三界中,平等勤修,究竟一乘⑤,至于彼岸。决断疑网,证无所得⑥,以方便智⑦,增长了知。从本以来,安住神通。得一乘道,不由他悟。"

注释:

①如如:即如于真如,指不动、寂默、平等不二、不起颠倒分别的自性境界。

②集灭:即佛教"四谛"中的"集、灭"二谛,这里用此二谛代指"苦、集、灭、道"四谛。具体地说,苦谛,苦即三界轮回生死逼恼之义,凡是有为有漏之法莫不皆含苦性,故佛经中说有无量众苦,如佛教所谓"三苦"、"八苦"等说。集谛,集是积聚感招之意。说一切众生,无始以来,由贪瞋痴等烦恼,造积善恶业因,

能招感三界生死等苦果。灭谛，又名"尽谛"，为息灭、灭尽之意，灭尽三界内之烦恼业因以及生死果报，称为"灭"，也称"了脱生死"，从此不再受三界内的生死苦恼，达到涅槃寂灭境界，即为解脱。道谛，道即道路，指达到寂灭解脱的方法和道路。原始佛教认为道谛是指八正道。以后大、小乘又各有发展，如前文提及的"七觉支"、"八圣道"等"三十七道品"。

③音声方便：意指"四谛"的教法乃是诸佛的善权方便而说，不能执着文句。

④二余：即生身的苦报与烦恼的业因的余习。其中，生身是苦果，烦恼是业因。若再加业之残余，则为"三余"。

⑤一乘：又称"一佛乘"，是与"三乘"相对的教法。三乘教法认为众生在修习佛法时，有声闻、缘觉、菩萨等三种差别，而一乘教法则认为声闻乘与缘觉乘的教法只是一种权巧方便，并不是佛陀的本怀。佛陀为一大事因缘出世的目的，是在引导一切众生终皆成佛。因此，以成佛为最终归趣的一乘教法才是佛陀弘法的真正意趣所在。这种主张是《法华经》最主要的特色所在。《法华经》指出："诸佛以方便力，于一佛乘分别说三。……十方佛土中，唯有一乘法，无二亦无三。"并且以羊车、鹿车、牛车比喻"三乘"，而以大白牛车比喻"一乘"。可见该经的主张，显然以为"三乘法"仅是方便法门，唯有"一乘法"才是真实之教。关于"一乘法"的深意，后世天台、华严、唯识、真言等宗，各有独特的主张，兹不具述。

⑥无所得：又称"无所有"，略称"无得"，为"有所得"的对称。即指体悟无相之真理，内心无所执着，无所分别。反之，执

着诸法差别之相,堕入有无边邪之见,则称"有所得"。诸法均由因缘所生,本无自性,以无自性,故无决定相可得,称为"无所得"。此即不堕于生灭、常断、一异、来去等四双八计之中道正观。《大智度论》卷十八云:"诸法实相中,受决定相不可得故,名无所得。"又菩萨永断一切生死,出离三界,住于一切智,乃无所得大乘之至极,故菩萨亦称无所得。

⑦方便智:又作"权智",为"实智"的对称。意指行善巧方便之智。据《大乘义章》卷十九云:"知一乘真实之法,名为实智。了知三乘权化之法,名方便智。"

译文:

"这又是什么缘故呢? 这是因为极乐世界的诸大菩萨,对于一切众生都有大慈悲利益之心,他们舍离了一切执着,成就了无量无尽的功德,以圆融周遍通达无碍的佛智,解知一切万法真如实相。深刻了知苦、集、灭、道四谛之真理,以众生能领会的音声'方便'教化,不喜世间无义空谈,而乐于讲求正真佛法。诸大菩萨们了解世间、出世间一切诸法皆是虚妄。毕竟无所有,平等空寂。生身的苦报与烦恼两种余习都已断尽。因此而于欲界、色界、无色界等三界之中,平等勤修,探究成佛的唯一正确之道,最终到达涅槃彼岸。他们坚决断除疑惑之迷网的束缚,证无所得的空慧,用方便善巧之智,增长了知三乘权化之法。他们自性本具智慧神通,故能安住不移;他们所证得的一乘佛果,也是他们自心开悟的结果,决不是从外面悟得的。"

真实功德第三十一

　　本品承接上一品，继续解说西方极乐世界诸菩萨众自利利他的殊胜妙德。先以十五种譬喻来说明西方极乐世界菩萨们自利利他的真实功德。并在此基础上，从正面直接陈述菩萨们的真实功德：他们心地正直，安住一乘法中，随机权便地教化众生，从无厌怠和疲倦，他们奉持戒律，表里如一，故其所说佛法，皆使众生心悦诚服。他们内心纯净冲和，远离妄想、分别，引导众生舍离种种贪爱执着，他们威光奕奕，内心清凉自在，法喜充满；他们化度众生勇猛精进，大雄无畏。因此他们时时得到十方世界一切诸佛的交口称颂，达到了究竟圆满的果地。

　　"其智宏深，譬如巨海；菩提高广，喻若须弥。自身威光，超于日月；其心洁白，犹如雪山；忍辱如地①，一切平等；清净如水，洗诸尘垢；炽盛如火，烧烦恼薪；不著如风，无诸障碍；法音雷震，觉未觉故；雨甘露法，润众生故；旷若虚空，大慈等故；如净莲华，离染污故；如尼拘树②，覆荫大故；如金刚杵③，破邪执故；如铁围山，众魔外道不能动故④。

　　注释：

　　①忍辱如地：即忍辱之心，犹如大地，平等无分别。《往生

论注》释"心业无分别"云:"如地负荷,无轻重之殊。"即是说,大地承载万物,无论轻重,都一体负荷,无所拣择,没有分别,以比喻菩萨忍辱之德,远离一切彼我、恩怨、违顺之别。

②尼拘树:即尼拘律树,又称"尼拘类树"、"尼拘屡树"、"尼拘卢陀树"、"尼拘陀树"或"诺瞿陀树"等,意译为"无节"、"纵广"、"多根"。桑科植物。多产于印度、斯里兰卡、缅甸等南亚地区。其形状类似榕树,树干端直高大,叶呈长椭圆形,叶端为尖形,枝叶繁茂,覆地广大。有下垂的气根,达地后复生根而向四周扩张生长。果实似无花果,大如拇指头,内含无数的小种子。材质坚硬耐老,多用于建筑物的支柱或各种器具的横木等。过去七佛中,第六迦叶佛据传在此树下成佛,并以此树为道场树。

③金刚杵:原为古代印度的一种兵器,由于坚固锐利,故冠以金刚之名。密教中,金刚杵象征摧灭烦恼之菩提心,为帝释天、执金刚神、大力金刚、金刚手诸尊的执持物,也是密教行者修法所用的法器。最初金刚杵尖端非常锐利,用为佛教法具后,其形状已改变许多。有金、银、铜、铁、石、水晶、檀木、人骨等多种质料,长八指、十指、十二指、十六指、二十指不等,形状有独股、二股、三股、四股、五股、九股、人形杵羯磨金刚、塔杵、宝杵等,而以独股、三股、五股最为常见,分别象征独一法界、三密三身、五智五佛等。独股杵、三股杵、五股杵、宝杵、塔杵合称"五种杵"。

④外道:佛教习语。又称"外教"、"外学"、"外法"。原意为神圣可尊敬的隐遁者,这些隐遁者的思想,依佛教的观点来说,

都是佛教以外的教法,因此意译作"外道"。此词原义并无贬斥意味,然至后世,渐用以指持异见邪说者的贬称。泛指佛教以外的一切宗教。相当于儒家所谓的异端。有关外道之种类,一般多指《杂阿含经》卷四十六、《陀罗尼集经》卷一等所列举的富兰那迦叶、末迦利瞿舍黎子、删闍耶毗罗胝子、阿耆多枳舍钦婆罗、迦罗拘陀迦旃延、尼干陀若提子等六师外道,以及正统婆罗门思想的六派哲学,即数论派、瑜伽派、胜论派、正理派、弥曼差学派、吠檀多派。

译文:

"极乐世界的菩萨们的智慧深邃宏远,犹如辽阔无际的大海;其菩提觉悟之心,犹如须弥山一般的崇高伟大;他们身上所散发的威德光明,远超日月之辉;他们的清净无垢之心,如同圣洁纯白的雪山;他们的含垢忍辱之心,又像厚德载物的大地,平等无差地包容一切;他们戒定慧的清净修行,能如清水一样洗除种种的尘劳垢染;他们的智慧炽盛猛利,能够如烈火烧薪般的断除万般烦恼孽障;他们从不执着,遍行于诸世界,皆能如风行空一样的自在无碍;他们宣说佛法的法音,如雷霆远震,觉醒那些尚未觉悟的群迷众生;他们的教法犹如甘露滋润大地万物一样,普润众生心田;他们的心量平等慈悲,犹如虚空之宽广无际,普遍平等地荫庇一切众生;他们如同出污泥而不染的莲花一样置身秽土,不舍众生,以远离五欲六尘、烦恼执着的清净之道化导众生;他们的慈悲胸怀犹如枝叶繁茂的尼拘树,荫庇众生永离热恼,得清凉自在;他们深具般若妙智,犹如无坚不摧的金刚杵,断除众生烦恼、邪见等一切不正情执;他们的信心、愿力坚定不移,如牢不可破的铁围山一样,一切邪魔外道皆不能动摇。

"其心正直,善巧决定。论法无厌,求法不倦;戒若琉璃,内外明洁;其所言说,令众悦服。击法鼓,建法幢,曜慧日,破痴暗。淳净温和,寂定明察。为大导师,调伏自他。引导群生,舍诸爱著,永离三垢^①,游戏神通。

注释:
①三垢:即"贪、瞋、痴"三毒。

译文:
"极乐世界的菩萨们心地正直,安住一乘法中,随机应缘,行权方便,所教所化,真实不二。为人讲论佛法心无厌怠,自己追求佛法不知疲倦;奉持戒律,明净清洁,譬如琉璃,表里如一;意业离垢无染,德表威仪具足,故其所说佛法,皆使众生心悦诚服。慧法远播,犹如击鼓,醒众远闻;威德摧邪,如建法幢,降魔得胜;智慧觉迷,如日遍照,尽破痴暗愚迷。内心纯净无染,冲淡谦和,远离妄想、分别,事无巨细,莫不明察。所以堪当众生的大导师,调伏抑制自、他之心。引导众生,舍离种种贪爱执著,彻底抛弃贪、瞋、痴三垢,运任于神通之中,自在无碍。

"因缘愿力，出生善根，摧伏一切魔军^①。尊重奉事诸佛，为世明灯，最胜福田，殊胜吉祥，堪受供养。赫奕欢喜，雄猛无畏。身色相好，功德辩才，具足庄严，无与等者。常为诸佛所共称赞，究竟菩萨诸波罗蜜，而常安住不生不灭诸三摩地，行遍道场，远二乘境。

注释:

①魔军:喻指种种烦恼。如据《佛本行集经》卷二十五载，欲贪、不欢喜、饥渴寒热、爱着、睡眠、惊怖恐畏、狐疑惑、嗔恚忿怒、竞利争名、愚痴无知、自誉矜高、恒常毁他人等为十二种魔军。后期大乘经论也有类似说法，如《大智度论》卷五认为，欲、忧愁、饥渴、爱、眠睡、怖畏、疑、含毒、虚妄之名闻利养、自高慢他等，为十魔军。

译文:

"极乐世界的菩萨们因为过去、今生的因缘和愿力，故能生出一切善根，降伏一切邪魔外道及一切烦恼。他们尊重奉事诸佛的教法，成为世间众生破暗觉迷的明灯，成为世间众生最为殊胜的福田，如此殊胜吉祥的智慧功德，自当得到世间众生的悉心供养。他们威光赫赫，神采奕奕，内心清凉自在，法喜充满;他们化度众生勇猛精进，大雄无畏。身色形相，殊胜妙好，功德无边，辩才无碍，具足庄严，如此种种，无与伦比。他们时时得到十方世界一切诸佛的交口称颂，达到了究竟圆满的果地，而常安住于不生不灭的涅槃正定之中，在一切道场中遍修所有功行，永远不会落入声闻、缘觉二乘的境界。

"阿难！我今略说，彼极乐界，所生菩萨，真实功德，悉皆如是。若广说者，百千万劫，不能穷尽。"

译文：

"阿难，我这里只是简略地介绍，那极乐世界中菩萨们的真实功德，大体就如我以上所说。若要广为详说，即使花百千万劫的时间，也不能巨细靡遗地说尽。"

寿乐无极第三十二

本品经文继续反复陈说西方极乐世界中的诸大菩萨众的殊胜功德，他们遍行十方供养诸佛，广阅经藏，慧根猛利，法喜充满。外表看上去安闲宽缓，不急不躁，内心却念念相继，精进不已。他们的志向坚定，于法无疑，自度度他，决定解脱。由以上种种殊胜功德智慧，劝谕大众以弥陀净土菩萨为楷模，发心往生西方极乐世界。所以在品末又述及此净土的种种殊胜善好，认为它在十方世界之中，可谓无与伦比，以此进一步加固闻法众生的往生愿心。

佛告弥勒菩萨、诸天人等："无量寿国，声闻菩萨，功德智慧，不可称说。又其国土微妙、安乐，清净若此，何不力为善，念道之自然。

译文：

释迦牟尼佛又对弥勒菩萨和与会的天人大众说道："西方极乐世界中的声闻、菩萨功德智慧无量无尽，无以言表。他们的佛国净土精微美妙，安逸和乐，清净异常，其殊胜庄严，同样无量无尽，无以言表。你们何不勉力行善，真信发愿念佛求生净土，自然就能得生那个极乐净土。

"出入供养①,观经行道,喜乐久习。才猛智慧,心不中回②,意无懈时。外若迟缓,内独驶急。容容虚空③,适得其中。中表相应,自然严整。检敛端直④,身心净洁,无有爱贪。志愿安定,无增缺减,求道和正,不误倾邪⑤。随经约令⑥,不敢蹉跌,若于绳墨⑦。咸为道慕,旷无他念,无有忧思。自然无为,虚空无立,淡安无欲⑧。作得善愿,尽心求索。含哀慈愍,礼义都合,苞罗表里,过度解脱⑨。自然保守,真真洁白。志愿无上,净定安乐。一旦开达明彻,自然中自然相⑩,自然之有根本⑪,自然光色参回⑫,转变最胜。郁单成七宝⑬,横揽成万物。光精明俱出,善好殊无比。著于无上下,洞达无边际。

注释:

①出入供养:"出"指遍行十方世界供养他方一切诸佛;"入"返回极乐世界供养本师阿弥陀佛。

②中回:即"中悔",指信仰不坚固,先信后疑。也可解为中途退转。

③容容:和同、宽容。

④检敛:检点行为,收敛身心。

⑤不误倾邪:不误于倾邪,也即不为倾邪所误。"误"指迷惑,"倾邪"指一切邪知邪见。

⑥随经约令:即随顺佛的经典、教诫,约束自己的心行。"随"即随顺,"经"即佛之经教,"约"即约束,"令"即诫令。

⑦绳墨：木工取直的工具，后借以比喻法度、规矩。

⑧淡安：即淡泊安宁。

⑨过度：即自度度他之意。意指自行脱离生死烦恼，同时又使人脱离生死烦恼。

⑩中：契合。自然相：自性本然之实相。

⑪根本：真如自性之本体。

⑫参回："参"即参差交错，"回"即回转交融。

⑬郁单："郁单越"的简称，即北俱卢洲，为须弥四洲之一，也是须弥四洲中果报最殊胜的一洲。据《俱舍论》卷十一等所载，北俱卢洲位于须弥山北之碱海中，洲形正方，每边各长二千由旬，状如盒盖，由七金山与大铁围山所围绕，黄金为地，昼夜常明。其地具有平等、寂静、净洁、无刺等四德。该洲人民面形正方，面色相同，身高都高达一丈四尺，生活平等安乐。此洲器物多为金银、琉璃、水晶所成，物皆共有，也没有盗贼、恶人以及争斗诉讼等事情发生。此洲人民都居住于林树之下，男女异处而居，无有婚姻，若起淫欲，共相娱乐。女子怀妊，七八日即产子，置之道路，四方来者皆共育养，予以指头吮之，乳汁自出。七日之后即长大，如阎浮提人之二十岁，寿足千年。命终之后，即生忉利天或他化自在天。诸经论有关此洲的记载极多，所载者不尽一致，但都以此洲为四洲之最胜处。

译文：

"极乐世界的声闻、菩萨等，出入无碍地往来于十方世界供养阿弥陀佛及一切诸佛，阅读经藏，修行佛法，持之以恒，法喜充满。他们慧根猛利,才能卓世,信念坚定,永不退转,不懈不息,一往直前。外表看上去安闲宽缓,不急不躁,内心却念念相继,精进不已。心广无边,似若虚空无物,故能广容万物,无物而成其容万物之量,适得空有俱泯,不落两边,从容中道。因此得于中而形于外,表里如一,自然相应,不假安排,严整有度。他们时时检点行为以使端正,刻刻收敛意念以使正直,由身及心,殊胜净洁,而无爱欲贪染。他们的志向、誓愿,坚定不移,而无忽增、忽减、忽过、忽缺之失;他们和平中正,以求无上至道,不会为一切邪知邪见所迷惑。他们依照佛的经典教诫来约束自己的身口意三业,所以他们的思想、行为都不会失足逾界,如同木工严格遵循墨线而施斧锯,不敢有毫厘之差。他们所仰慕的,皆是正真至道,其心旷达深远,而无丝毫妄想杂念,于世无虑,于法无疑,故无忧虑之思搅扰牵缠。他们于无为法中,自然安住,心如虚空,开广无际,离垢无染,无法可立,淡泊安宁,无妄念贪欲。以此结成大愿,精进修行,以求成就。他们心怀慈悲哀悯,符契世间道德,所行之事,所达之理,莫不融洽圆满,自度度他,均得出离生死,彻底解脱。他们任运自然,保守绝待真心,无垢无染。他们还有上求下化、至高无上的心愿,故能住于清净寂定之中,安然自适,任运常乐。如此日积月累,便能在一刹那之间豁然开悟,明彻了达自性本然之实相,顿见真如自性之根本,自然出生无量光明色相,相参互入,回转交融,千变万化,超逾十方众宝,殊胜难言。就如同那北俱卢洲的一切万物,皆由自然七宝所成,因为阿弥陀佛大愿加持,十方虚空之中,万物自然涌现,光明、精妙、明净之一切妙相,一时并现;其殊胜善好,在十方世界之中无与伦比。所证之理体,本来平等,无有高下;智契之真谛,没有边际,不可穷竭。

"宜各勤精进,努力自求之,必得超绝去,往生无量清净阿弥陀佛国。横截于五趣,恶道自闭塞。无极之胜道,易往而无人。其国不逆违,自然所牵随。捐志若虚空,勤行求道德。可得极长生,寿乐无有极。何为著世事,诶诶忧无常①。"

注释:

①诶诶(náo):争竞喧闹之意。

译文:

"你们应各自精进勤修,努力自为,求生净土,彻证本心,圆满佛智,如此必能超脱轮回,断除生死,往生无量清净的阿弥陀佛净土。婆婆五趣,一时顿绝,六道轮回之门,自然永闭。净土法门,胜德深广,究极方便,然而于秽土修行、信愿往生的人却少之又少。西方净土对于十方众生从来不逆不违,其所以信愿往生的人少之又少,实因秽土中人,久在烦恼缠缚之中,而无厌离之心的缘故。若能捐除烦恼,志如虚空,一法不立,无垢无染,精进修行,求得正道而不失去,便可以获得真正的长生不死,寿命与快乐皆无有极限。明晓此理,为什么还要贪着世间俗事俗利,没完没了地争竞喧闹,为世间本属无常的烦恼琐事所牵扰折磨呢?"

劝谕策进第三十三

本品承接上品,进一步劝谕众生发往生极乐净土之愿,念佛往生,故名"劝谕策进"。上一品着重讲述西方极乐世界的殊胜超绝,净定安乐,以令大众生欣慕向往之心,从而发愿往生。本品则由上一品"何为著世事,谍说忧无常"转入,着重讲述娑婆世界的种种秽恶,众生业障深重,贪瞋痴三毒炽盛,故由惑造业,苦报无尽,沉沦三途恶道苦海,痛不可言。由此劝谕众生,生发厌离娑婆世界之心,并进一步远离各种恶业,择善而从,精勤修行,求生极乐世界。

"世人共争不急之务^①,于此剧恶极苦之中,勤身营务,以自给济。尊卑、贫富、少长、男女,累念积虑,为心走使^②。无田忧田,无宅忧宅。眷属财物,有无同忧^③。有一少一,思欲齐等。适小具有,又忧非常^④,水火盗贼,怨家债主,焚漂劫夺,消散磨灭。心悭意固,无能纵舍。命终弃捐,莫谁随者? 贫富同然,忧苦万端。

注释:
①不急之务:无关紧要的琐事俗务。
②为心走使:即为妄惑贪欲之心所驱使。
③有无同忧:即有也忧、无也忧,患得患失。意指没有的时

候处心积虑,操心如何据为己有;得到了又忧心忡忡,思前想后,担心人去财空。

④非常:意外的灾祸。即指本经下文提到的"水火盗贼,怨家债主,焚漂劫夺,消散磨灭"等。

译文:

"世间的人们都在为那些无关紧要的俗事而蝇营狗苟,在痛苦不堪的五恶世间之中,辛勤劳作,经营生计,以求自给,以度余生。芸芸众生之中无论尊卑、贫富、长幼、男女,无不在愚痴贪欲之心的驱使之下,苦心积虑,忧念重重,奔波劳碌,身心难安。没有田地的操心如何得到田地,没有房屋的烦恼如何得到房屋,家眷、亲属、财产、珍宝,种种身外之物,没有的时候处心积虑,盘算钻营,必欲据为己有;得到了又忧心忡忡,思前想后,担心人去财空。总之是欲壑难填,患得患失。得到了一些,又得陇望蜀,而与他人看齐。刚刚拥有了一些,立时又担心遭遇意外的横祸天灾,比如火灾焚烧,水灾漂流,强盗劫夺,贼人偷窃,冤家复仇,债主逼帐,凡此种种,皆可于顷刻之间,使所得财富,荡然无存。悭吝之心,贪婪之念,不会随财物消散磨灭而泯灭,相反会愈发的放不下、舍不得。但是在命终之时,全部都将烟消云散,哪一样可以带走呢?无论贵贱贫富,于此概莫能外,个中忧苦,万端无尽。

"世间人民,父子兄弟,夫妇亲属,当相敬爱,无相憎嫉。有无相通,无得贪惜。言色常和,莫相违戾。或时心诤,有所恚怒,后世转剧,至成大怨。世间之事,更相患害。虽不临时^①,应急想破。人在爱欲之中,独生独死,独去独来,苦乐自当,无有代者。善恶变化,追逐所生^②,道路不同,会见无期。何不于强健时,努力修善,欲何待乎?

注释:

①临时:意指立即显现于当时。

②追逐所生:指所生之处果报追随不舍,根据善恶业因,感得善恶果报,丝毫不爽。

译文:

"世间人民,包括父子、兄弟、夫妇、亲属等等,都应当相互尊敬友爱,不可彼此憎恨嫉妒;都应当互帮互助,互通有无,受不贪求,施不吝惜;都应当说话和气,和颜悦色,不可背逆乖戾。一时生起争讼之心,心里不免嗔恚忿怒,恶意积累,愈演愈烈,最终难免结成深仇大恨。世间若冤冤相报,因果回环,互为祸害,终无了时。报应即使不立即显现于当时,但因果相生,从来不爽,决当报应于后世。众生应当及早参透此理。世人沉溺在情爱贪欲之中,却不知生是孤身来,死时独自去,无人相随,无人能代,苦乐之果报,都是自作自受,亦无人能代。善与恶的因果报应,千变万化,因生果随,丝毫不爽。作业不同,善恶有别,善有善报,恶有恶报,辗转六道之中,故临终之别,终无重逢之期。何不趁此强健在世之时,精勤努力,修行善道,除此之外,还要等什么解脱之道呢？

"世人善恶自不能见，吉凶祸福，竟各作之。身愚神暗，转受余教①。颠倒相续，无常根本。蒙冥抵突②，不信经法。心无远虑，各欲快意。迷于嗔恚，贪于财色，终不休止，哀哉可伤！

注释：

①余教：泛指一切不能使人了脱生死、往生极乐的外道邪说。

②蒙冥抵突：意指心不明、眼不亮，一味胡冲乱闯，而与实相事理相违逆。

译文：

"世间之人愚痴冥顽，不明何者为恶，何者是善，各逞己意，妄加分别，竞相造作恶业，身心愚昧，精神昏暗，不正信因果，不信受经法，反而接受其他的外道邪说。如此颠倒之见，相续不绝，即成为沉溺生死无常轮回的根本所在。眼暗心迷，却一味胡冲乱闯，难免触事违逆，事理淆乱。不信受佛教经法，心无远虑，一心追求当下快意、即时之乐。为嗔恚之气所迷惑，贪婪执着于财色，肆无忌惮，无休止地造业，没有终了之时，实在是可悲、可怜！

"先人不善，不识道德，无有语者①，殊无怪也。死生之趣,善恶之道,都不之信,谓无有是。更相瞻视,且自见之。或父哭子,或子哭父,兄弟夫妇,更相哭泣。一死一生,迭相顾恋;忧爱结缚,无有解时。思想恩好,不离情欲,不能深思熟计,专精行道,年寿旋尽,无可奈何! 惑道者众,悟道者少。各怀杀毒,恶气冥冥。为妄兴事,违逆天地,恣意罪极,顿夺其寿,下入恶道,无有出期。

注释:

①语(yù):告知,告诫。

译文:

"祖上不知行善积德,不懂道德功业,不以善恶因果报应之理教导后辈,如此世代恶业相袭,痴顽无知,就没有什么可奇怪的了。对生死轮回之理,善恶报应之道,完全不能相信奉受,甚至视若无物。这个道理如果仔细观察,从自家身边也不难见到。在临终死别之际,或父死子哭,或子死父哭,兄弟、夫妇等亲属死别之时,莫不相互哭泣。生生死死之际,亲人之间无不彼此眷恋难舍,昔日恩爱,化为今日忧苦,如绳纠结,自相牵缠,无有解脱之时。思念生前的恩爱友善,其实无不源于情欲的支配。如果对此不能深思熟虑,精勤专一地修行佛道,则人之生命转瞬即尽,到时只能徒感无可奈何了! 世间不理解佛法正道的人很多,而真正觉悟得道的人很少。各人心怀残伤他人的毒念,恶气炽盛,冥冥昧昧,由此妄心造作种种事端,违逆天心人意,肆无忌惮地造罪,乃至罪大恶极,果报显现之时,必将顿时之间夺其阳寿,堕入地狱、饿鬼、畜生三恶道,所受报应,无有穷极。

"若曹当熟思计,远离众恶,择其善者,勤而行之。爱欲荣华,不可常保,皆当别离,无可乐者。当勤精进,生安乐国。智慧明达,功德殊胜。勿得随心所欲,亏负经戒,在人后也。"

译文:

"你们应当深思熟虑,以远离各种恶业,择善而从,精勤修行。当知世间荣华富贵不可长久保持,一切浮华终将离你而去,根本不能给人带来真正的快乐。你们应当勤奋精进,求生极乐世界。如得往生净土,则智慧明了通达,成就殊胜功德。千万不要随心所欲,辜负佛之经教戒行,落于他人之后。"

心得开明第三十四

本品在前两品释迦牟尼佛从正反两方面讲述众生当厌离六道、欣悦净土道理的基础上,指出弥勒领会佛陀深善教诲,心开意解,认为与会会众都能承蒙世尊慈悲之恩,闻法解脱,出离于六道轮回之忧苦。佛陀由此进一步为弥勒等会众垂训说法,要求大众应当断惑念佛,知苦修善,以自利利他精神,精进勤苦,转相拯济,如此则能往生极乐净土,得往生净土的种种之利,如寿乐无极、受用随意等等。切忌疑惑反悔,自造罪业,以免往生到西方极乐净土边地的七宝疑城,在五百年中,承受不得见佛、法、僧三宝,不得闻听佛法等等的恶果。

弥勒白言:"佛语教戒,甚深甚善,皆蒙慈恩解脱忧苦。佛为法王①,尊超群圣。光明彻照,洞达无极,普为一切天人之师。今得值佛②,复闻无量寿声③,靡不欢喜,心得开明。"

注释:

①法王:佛的尊称。"王"有最胜、自在之义,佛为法门之主,能自在教化众生,故称"法王"。后来也引申为对菩萨、阎王及西藏、日本之某些佛教领袖的称呼。这里指前者,即"佛"。

②值:即遇到、适逢之意。

③无量寿声：指佛陀在此次法会中宣说的有关阿弥陀佛及其净土的经教，也可指阿弥陀佛的名号本身。

译文：

弥勒菩萨向释迦牟尼佛禀白道："佛陀所说教诫，十分深刻非常善巧，我等会众都蒙佛慈悲之恩，得闻佛法要旨，以解脱于六道轮回之忧苦。佛为法王，智慧慈悲超过诸天圣人，至尊至上。佛法光明，彻照十方，洞达无极，因此堪为一切有缘众生的大导师。今日于此有幸见佛说法，殊为难得，又得听闻有关无量寿佛的名号，大家没有一个不欢欣鼓舞的，我们因此得以心开意解，明了自性本具佛智。"

佛告弥勒："敬于佛者，是为大善，实当念佛，截断狐疑，拔诸爱欲，杜众恶源。游步三界，无所挂碍，开示正道，度未度者。

译文：

释迦牟尼佛对弥勒菩萨说："恭敬佛的人，皆是有大善根的人，都应当诚心念佛，断除疑惑猜忌，拔除贪爱执着，杜绝种种恶念得生的源头。即使奔走游化于三界秽土，也能无所牵挂，无所障碍，向众生开示演说佛法正道，度化那些还未得度化的有情众生。

"若曹当知十方人民，永劫以来，辗转五道，忧苦不绝。生时苦痛,老亦苦痛,病极苦痛,死极苦痛。恶臭不净,无可乐者。宜自决断,洗除心垢,言行忠信,表里相应。人能自度,转相拯济。至心求愿,积累善本。虽一世精进勤苦,须臾间耳。后生无量寿国,快乐无极,永拔生死之本,无复苦恼之患,寿千万劫,自在随意。宜各精进,求心所愿,无得疑悔,自为过咎,生彼边地①,七宝城中②,于五百岁受诸厄也。"

注释:

①边地:位于西方极乐世界边隅的一个地方,又名"胎宫",往生到那里的人,五百岁间不得见闻三宝。详参本经第四十"边地疑城"品。

②七宝城:即"七宝狱",由七宝建成的牢狱。详参本经第四十一"惑尽见佛"品。

译文:

"你们应当知道,十方世界的人民,从无量劫以来,辗转轮回于天、人、畜生、饿鬼和地狱五道,沉沦生死,烦忧苦痛,自始不绝。诞生之时有'生苦'之痛,衰老之时有'老苦'之痛,病患之时有'病苦'之痛,寿终之际有'死苦'之痛。身体臭恶而不清净,实在无乐可言。你们应当自下决心,洗涤心中的垢染,言语行为皆当忠诚守信,表里如一。如此方能自行度脱,由自度转而拯救济度他人。一心求愿往生净土,积功累德,断恶修善。虽一生一世精进修行十分勤苦,但这一生之苦,较之一个人的生生世世，只犹如片刻之间。此生之勤苦，使后世得以往生无量寿国，享受无穷无尽的快乐，拔除生死根本恶因，远离苦病烦恼之患，寿命长达千万时劫，自在神通，诸事随心所欲。你们应各自精进勤修，一心净土，对于所求所愿，不要疑惑反悔，自造罪业，以免往生到西方极乐净土边地的七宝疑城，在五百年中，承受不得见佛、法、僧三宝，不得闻听佛法等等的厄运。"

弥勒白言："受佛明诲，专精修学，如教奉行，不敢有疑。"

译文：
弥勒菩萨向佛禀白说："今天我们领受了佛明白完备的教诲，定当专一学习，精进修行，按佛的教导诚心奉行，不敢生出丝毫怀疑。"

浊世恶苦第三十五

　　本品承接第三十三"劝谕策进"品,更加细致梳理讲述娑婆世界的种种秽恶痛苦。本品提出,"恶"有"五恶",即杀生恶、盗恶、邪淫恶、妄语恶、饮酒恶。由此"五恶",导致"五痛"、"五烧"之苦。具体而言,造作"五恶"之人,在现世之中,由王法惩治其罪,使其身遭厄难,称为"五痛";其于未来世三途恶道辗转受报,其痛苦情状,犹如烈火焚身,称为"五烧"。本品意在劝诫众生明了世间一切事实真相,认清现实环境,断恶离苦,奉持"五善",从而离苦得乐。

　　佛告弥勒:"汝等能于此世,端心正意,不为众恶,甚为大德。所以者何? 十方世界善多恶少,易可开化。唯此五恶世间①,最为剧苦。我今于此作佛,教化群生,令舍五恶,去五痛②,离五烧③,降化其意④。令持五善⑤,获其福德。何等为五?

注释:

①五恶:五戒所反对的五种恶行,即杀生,偷盗,邪淫,妄语,饮酒。

②五痛:指因造作五恶,而在现世之中所遭受的厄难、苦痛。

③五烧：指因造作五恶，而在来世所遭受的沉沦鬼、畜、地狱三恶道的苦报。

④降化其意：降伏转化众生贪瞋痴等一切的恶念。

⑤五善：奉持五戒之行，即不杀生、不偷盗、不邪淫、不妄语、不饮酒。

译文：

释迦牟尼佛告诉弥勒菩萨说："你们能于此浊世之中正心诚意，不行种种恶业，堪称'大德'。为什么这样说呢？十方诸佛世界善多恶少，容易开导教化，唯有此五恶世间，痛苦最为深重最大最多。我现在此作佛，教化众生，令他们舍弃五恶，除去五痛，永离五烧，降伏转化众生的贪瞋痴等一切的恶念。教他们受持五善（五戒），教他们如何获得福德。这五恶、五痛、五烧、五善都包括了什么呢？

"其一者，世间诸众生类，欲为众恶，强者伏弱，转相克贼，残害杀伤，迭相吞啖①。不知为善，后受殃罚。故有穷乞、孤独、聋盲、喑哑、痴恶、尪狂②，皆因前世不信道德、不肯为善。其有尊贵、豪富、贤明、长者、智勇、才达，皆由宿世慈孝，修善积德所致。世间有此目前现事，寿终之后，入其幽冥，转生受身，改形易道，故有泥犁、禽兽、蜎飞蠕动之属③。譬如世法牢狱，剧苦极刑，魂神命精，随罪趣向。所受寿命，或长或短，相从共生，更相报偿。殃恶未尽，终不得离，辗转其中，累劫难出。

难得解脱,痛不可言。天地之间,自然有是,虽不即时暴应④,善恶会当归之。

注释:

①吞啖(dàn):即吞食。

②尪(wāng)狂:"尪"有瘸跛、孱弱等意。"狂"即疯狂、疯癫。

③泥犁:又作"泥黎"、"泥梨",意即地狱。该处没有任何喜乐之类,是十界之中最恶劣的境界。

④暴应:即即时而至的报应。暴,有急猛突然之义。

译文:

"第一,世间的普罗大众,为了满足自己的种种欲望而造作种种恶业,强者欺凌弱者,强者又有更强者欺凌他,辗转相欺,残害伤杀,弱肉强食,大的吞食小的,吞食者又被更大的所吞,无有穷竭。这都是由于不懂得相互为善的道理,造作恶业必将受到灾殃的惩罚。所以,这世间就有贫穷乞丐,有幼失父母,有老无儿女,有聋有瞎,有哑有痴,有恶毒,有残废,有疯狂,凡此种种,无一不是因为前世不信因果报应,不积功德,不行善业而所遭受的惩罚。另一方面,世间也有人尊贵,有人豪富,有人贤明,有人寿长,有人智勇双全,有人才精艺深,这都是由于他们在前世行慈尽孝、修善积德所得的善果。世间有此触目可见的果报之事,更有寿终之后下到冥界后不可见的尤为深剧的果报,在冥界转生投胎又随其业力而受色身,改变了原来的形相,在六道之中轮回转世，因此，便有地狱、禽兽、飞蝇、爬虫之类的不同身形。这就犹如世间的牢狱一样，受到剧苦极刑的惩罚，他们的神魂精魄，随着与自己前生所造的罪业如影随形。所得到的寿命无论长短，过去的冤家债主总是互相追随，世世同生一处，定将前世的怨仇债务，一一报偿，丝毫不爽。只要所作的殃恶未能偿尽，则业因报身终不能离，如此辗转往复于恶趣之中，累世不得解脱，其中深痛剧苦，难以言表。天地之间，因果之事自然如影随形，有其因必有其果，分毫不爽，有时虽不即时报应，但善因善果，恶因恶果，因缘会合时，无不兑现。

"其二者，世间人民不顺法度，奢淫骄纵，任心自恣。居上不明，在位不正，陷人冤枉，损害忠良，心口各异，机伪多端。尊卑中外①，更相欺诳，嗔恚愚痴，欲自厚己。欲贪多有，利害胜负，结忿成仇，破家亡身。不顾前后。富有悭惜，不肯施与。爱保贪重，心劳身苦。如是至竟，无一随者。善恶祸福，追命所生，或在乐处，或入苦毒。又或见善憎谤，不思慕及，常怀盗心，悕望他利②，用自供给，消散复取。神明克识③，终入恶道，自有三途无量苦恼，辗转其中，累劫难出，痛不可言。

注释:

①中外：即亲疏，与前"贵贱"连称，意指无论亲疏贵贱。"中"指自己人、家中人。"外"指外人。

②悕（xī）望：即"希望"。

③神明克识(zhì)："神明"这里指与人并生的司人善恶的神灵，因其与人并生，又称"俱生神"。晋译《华严经》曰："如人从生，有二种天，常随侍卫。一曰同生，二曰同名。天常见人，人不见天。"《药师经》曰："有俱生神，具书罪福，与阎魔王。"又本经《嘉祥疏》曰："一切众生皆有神，一名同生，二名同名。同生女在右肩上书其作恶，同名男在左肩上书其作善。""克"即必定，"识"指记录。

译文：

"第二，世间人民不遵守法律规则，奢侈淫乐，骄横放纵，为一己私欲而为所欲为。身居上位的官僚不能明察下情，律己正身，反而心行不正地诬陷他人，使人蒙受冤屈，陷害忠良之士，阿谀权贵，口是心非，投机取巧，诡诈虚伪。这世间无论尊卑上下，内外亲疏，都概莫能外地互相欺瞒诳骗，以嗔痴二毒，助长贪心。为了占有更多的利益，不惜以利相侵，互相算计谋害，损人肥己，于是结怨成仇，甚至家破人亡。这都是不顾前因后果的报应之理而造成的恶果。世间那些富有者，无不对财物悭吝贪惜，不肯施舍财物于人。爱欲坚牢，贪心深重，终生身心劳苦，就这样一直到死。到了寿命终尽之时，财物一样也不能带走。唯有一生所造的善恶祸福之业力，却如影随形地追随他到下一个轮回往生之处，或者作善得福而能于乐处往生，或者作恶得祸而入苦毒恶道。还有人见人之善，不仅没有见贤思齐的敬慕之心，反而憎恶心起，妄加诽谤，胸中常怀侵夺盗取之心，企图以他人之财物供己享用，挥霍完了，又重去盗取。凡此种种罪业，当然逃不脱神明的功过记录，必将堕入三恶道，遭受三途恶道的无量苦恼，如此反复辗转于三恶道之中，旷劫累世也难以脱出，其深痛剧苦，难以言表。

"其三者，世间人民，相因寄生，寿命几何？不良之人，身心不正，常怀邪恶，常念淫妷^①，烦满胸中，邪态外逸，费损家财，事为非法。所当求者，而不肯为。又或交结聚会，兴兵相伐，攻劫杀戮，强夺迫胁。归给妻子^②，极身作乐^③。众共憎厌，患而苦之。如是之恶，著于人鬼，神明记识，自入三途。无量苦恼，辗转其中，累劫难出，痛不可言。

注释：

①淫妷(zhí)："淫"即邪淫，"妷"即放荡。

②归给(jǐ)：拿来供给，意指取悦。

③极身：纵情而不知疲倦。

译文：

"第三，世间人民，由于相互之间的宿业因缘而出生于世，寿命能有多长？不良之人，身心不正，常怀邪恶狠毒之心，常沉溺于淫欲放荡，烦恼愤懑充塞胸中，淫邪放荡之丑态溢于言表，挥霍耗损家中财产，以造作非法不义勾当。应当努力追求的正业，反而视若无物，不肯亲力而为。或者是交结狐朋，聚集邪徒，动刀动枪，互相攻伐，侵掠杀戮，武力胁迫，强取豪夺。如此种种恶行所得不义之财，拿来给自家妻妾儿女享用，不知疲倦地寻欢作乐。世间人众对此憎恶讨厌，以其为灾星祸源并遭受痛苦。这些恶人，罪恶昭彰，人鬼共愤，神明自会记录下他的罪行，命终之后必然会堕入三恶道以受无量苦恼。如此反复辗转恶道之中，累劫难得出离，其深痛剧苦，难以言表。

"其四者，世间人民不念修善。两舌、恶口、妄言、绮语。憎嫉善人，败坏贤明，不孝父母，轻慢师长，朋友无信，难得诚实。尊贵自大，谓己有道，横行威势，侵易于人，欲人畏敬，不自惭惧，难可降化，常怀骄慢，赖其前世，福德营护。今世为恶，福德尽灭，寿命终尽，诸恶绕归。又其名籍，记在神明，殃咎牵引，无从舍离，但得前行，入于火镬①，身心摧碎，神形苦极。当斯之时，悔复何及。

注释：

①火镬（huò）："火"指狱火，"镬"指镬汤。据《观佛三昧海经》卷五载，阴间有镬汤地狱，即以锅镬煮沸汤，置罪人于其中，以惩其生前罪行。此地狱共有十八镬，每一镬纵广皆四十由旬，有七重之铁网，其内充满沸铁。有五百罗刹，以大石炭烧其铜镬，其火焰焰相承，在地狱六十日（即此娑婆世界的十二万年）而不灭。系众生毁佛戒法、杀生祠祀、为食肉焚烧山野而伤害众生、烧煮生类等所招感而得的果报。

译文：

"第四，世间人民不愿修善积德，却一门心思拨弄是非，恶语伤人，假话连篇，淫辞艳语，诱人行邪。他们还憎恨嫉妒善人的才德，中伤败坏贤明之人的名声，不孝敬父母，轻视慢待老师，与朋友交而无信，真诚信实，难得一见。他们还夸伐自大，妄称自己有道在身，横行霸道，仗势欺人，企图以此来使他人对自己畏惧敬重，俯首听命，可谓不知羞惭，不知戒慎恐惧，桀骜不驯，难以降伏教化，常怀自大傲慢之心，而浑不自知这只是依靠前生所修福德的庇护，方才没有立时报应而已。他今生今世作恶多端，前世辛勤修得的福德终归消耗殆尽，待到命终之时，种种恶业必将缠随着他一并归去。神明昭彰，他的名姓籍贯，无一例外地被登记在册，其所造灾殃罪业，无一例外地牵引缠随着他，根本无计脱身，只要往前走，就必然进入到狱火汤镬之中，身心被摧毁破碎，精神肉体痛苦不堪。到了这个时候，自然追悔莫及了。

"其五者，世间人民徙倚懈怠^①，不肯作善，治身修业。父母教诲，违戾反逆，譬如怨家，不如无子。负恩违义，无有报偿。放恣游散，耽酒嗜美，鲁扈抵突^②，不识人情，无义无礼，不可谏晓。六亲眷属，资用有无，不能忧念。不惟父母之恩^③，不存师友之义。意念身口，曾无一善。不信诸佛经法，不信生死善恶。欲害真人^④，斗乱僧众，愚痴蒙昧，自为智慧。不知生所从来，死所趣向，不仁不顺，希望长生。慈心教诲，而不肯信，苦口与语,无益其人。心中闭塞,意不开解。大命将终,悔惧交至。不豫修善,临时乃悔,悔之于后,将何及乎?

注释:

①徙倚:意为徘徊、逡巡。这里意指心无定见,不思进取。

②鲁:粗鲁无知。扈(hù):跋扈自大。抵突:即胡冲乱撞,妄作冥行。参见第三十三"劝谕策进"品之"蒙冥抵突"注释。

③惟:思虑。

④真人:已证得真理的人,即指阿罗汉与佛。

译文:

"第五,世间人民,心无定见,不思进取,懈怠懒惰,苟安自利,不为善行,不思修身,不务正业。父母谆谆教诲,一概违背忤逆,形同冤家对头,有此儿女,实不如无。他们辜负父母养育之恩,违背世间礼义,对父母的种种恩德,全无报答之心。他们恣肆放荡,游乐散漫,好酒贪杯,嗜好美味,粗鲁无知,骄扬跋扈,胸无大志,妄作冥行,不近人情,毫无礼义,无法劝导,也难以理喻。他们对家亲眷属的生活日用所需,全然不顾,对于父母之恩师友情义,从不感念。他们心常念恶,口常言恶,身常行恶,可谓无善可言。他们不信奉诸佛的经教法言,不信生死轮回,善恶有报。甚至还有犯五逆重罪杀害阿罗汉的念头,离间僧众以使之争斗,蒙昧无知,反而自以为聪明。不知道生从何处而来,死后又到何方去,为人处事,不知仁爱和顺,却痴心梦想着长生不老。以慈悲之心教诲他,也不肯相信;苦口婆心劝勉他,也无动于衷。他们的心因痴愚冥顽而闭塞不通,自然对善意良言不能心开意解。到了生命将要终结之时,后悔恐惧交相迭至。不早作准备,修善积德,死到临头方生后悔,可为时已晚,怎么能追悔得及呢?

　　"天地之间,五道分明。善恶报应,祸福相承。身自当之,无谁代者。善人行善,从乐入乐,从明入明。恶人行恶,从苦入苦,从冥入冥。谁能知者?独佛知耳。教语开示,信行者少。生死不休,恶道不绝。如是世人,难可具尽。故有自然三途,无量苦恼,辗转其中,世世累劫,无有出期,难得解脱,痛不可言。如是五恶、五痛、五烧,譬如大火,焚烧人身,若能自于其中一心制意,端身正念,言行相副,所作至诚,独作诸善,不为众恶,身独度脱,获其福德,可得长寿泥洹之道。是为五大善也。"

　　译文:
　　"天地之间,五道(天、人、饿鬼、畜生、地狱)生死流转,因果分明。行善作恶,皆得其果,为善得福,作恶遭罚,丝毫不爽。这些祸福果报,均由本人承当,他人无可替代。善人行善,乐于行善,必得乐果;明达乐施,自可层楼更进,前景光明。恶人作恶,由苦而入,苦上加苦;愚痴作业,必更愚痴。因果报应不爽的所以然之理有谁能知？唯独只有佛能知其根源。佛宣说教化之语，开显真实事相，对此信受不疑而依此笃行的人实在太少。所以世间生死轮回永无休止，辗转于三途恶道者络绎不绝。像这样的世间人众，一言难尽。所以才有三恶道的无量苦恼，众生辗转其中，旷劫累世，难得解脱，其间深痛剧苦，难以言表。这样的五恶、五痛、五烧，犹如大火焚身，若有人能在五痛五烧之中，专心一志，克制贪瞋痴诸恶，端正其行为思想，言行一致，诚意笃行，专行善事，不做恶事，其人之身便独得度脱，得到相应的福德，获得真正长生不死的涅槃之道。这才是真实的五大善啊。"

重重诲勉第三十六

上一品着重揭明"五恶"、"五痛"、"五烧"辗转相生之祸。本品承接上品,进一步指出,造作恶因,必得恶果,或者今世就得现报,先遭重病灾殃折磨,求生不得,求死不能,或者在其寿终之后,堕入三途恶道之中,忧惧痛苦,酷烈惨毒,自业之火,焦灼烧身。宿世的冤家债主还将再次聚首,互相伤害残杀。恶因恶果,所谓天网恢恢,疏而不失,以使闻经大众心生戒惧警惕,不敢胡作妄为。在此基础上,奉劝众生应当自行端正己身,不要顺逐嗜好欲望,要专一心志,精进修行。

佛告弥勒:"吾语汝等,如是五恶、五痛、五烧,辗转相生,敢有犯此,当历恶趣。或其今世,先被病殃①,死生不得,示众见之。或于寿终,入三恶道,愁痛酷毒,自相燋然②,共其怨家,更相杀伤。从小微起,成大困剧。皆由贪著财色,不肯施惠;各欲自快,无复曲直;痴欲所迫,厚己争利;富贵荣华,当时快意;不能忍辱,不务修善;威势无几,随以磨灭。天道施张,自然纠举。茕茕忪忪③,当入其中。古今有是,痛哉可伤。

注释:
①被(pī):同"披",意指遭受。

②自相燋(zhuó)然：意指被自己的恶业所招感的烈火焦灼烧身。燋，即灼烧。

③茕茕(qióng)：孤独无靠的样子。忪忪(zhōng)：惊惶失措、心悸不安的样子。

译文：

释迦牟尼佛对弥勒说："我告诉了你们五恶、五痛、五烧辗转相生的道理，若还有人敢于犯此五恶，将来必定堕入恶道，长劫受苦，很难出离。有的今世就得现报，先遭重病灾殃折磨，求生不得，求死不能，让世人都能见到恶有恶报的后果。有的则是在其寿终之后，堕入三途恶道之中，忧惧痛苦，酷烈惨毒，自业之火，焦灼烧身，宿世的冤家债主还将再次聚首，互相伤害残杀。这些怨恨往往都是从微不足道的业因而起，愈演愈烈，最终酿成重灾大祸。凡此种种，都因缘有自：贪财恋色，不肯布施；只求一己之乐，不管是非曲直；甘受愚痴贪婪之心驱使，损人利己，不择手段；富贵荣华家业，满足一时快意；不愿忍辱精进，不能修善积德，纵有威权重势，旋即便磨灭殆尽。因果报应的天理，自然施立，昭彰不爽，自会审察裁决其人所为。无论其显得如何孤独无靠，失措惊惶，当入恶道，就决定随业堕入三恶道。古往今来，其例多有，何等痛心，何等感伤！

"汝等得佛经语，熟思惟之，各自端守，终身不怠。尊圣敬善，仁慈博爱，当求度世，拔断生死众恶之本，当离三涂、忧怖苦痛之道。若曹作善①，云何第一？当自端心，当自端身，耳目口鼻，皆当自端。身心净洁，与善相应。勿随嗜欲，不犯诸恶，言色当和，身行当专。动作瞻视，安定徐为。作事仓卒^②，败悔在后。为之不谛^③，亡其功夫。"

注释：

①若曹：同"尔曹"，意指你们。

②卒：同"猝"，仓促。

③谛：慎重妥帖。

译文：

"你们于此得到佛的教诲，就应当深加思考，细心体会，各自端正心意，如教奉行，终身不得懈怠。应当尊重圣贤，敬重善知识，仁爱慈悲，博施济众，当求济度世间众生永脱虚妄生死之道，拔除断灭生死和各种恶的根源，以脱离三途恶道的忧愁、恐怖和苦痛。你们做善事，首先要做的是什么呢？首先应当自行端正己身，耳、目、口、鼻，都当自行端正。身心洁净，方可与善相应。绝对不要顺逐嗜好欲望，造下诸种恶业，语言面貌应当敦厚和蔼，修行应当专一心志。一举一动，一言一行，都应当安祥静定，从容不迫。如果做事张皇失措，必将导致失败与后悔的结果。若所行不能做到真切笃实，那下再大的功夫也都是徒劳。"

如贫得宝第三十七

上一品主说恶因必得恶果,本品则着重说明善因善果之理。经中反复陈说广修善行方能得到福报,可谓苦口婆心。并提出了修善的具体方法,就是要广修"六度",不违教诫,要忍辱包容,精进不舍,以慈悲之心,专一修行。要守斋持戒,务使身心清净。对于这一法门,应当像贫穷的人得到珍宝一样的珍惜,受持思考,精勤奉行,并向一切众生如实转述,如有违犯,定要深自忏悔,自行改过。如此而行,必能使天下和顺太平,众生不断提升境界,最终证得无上佛果。

"汝等广植德本①,勿犯道禁,忍辱精进,慈心专一。斋戒清净②,一日一夜,胜在无量寿国为善百岁。所以者何?彼佛国土,皆积德众善,无毫发之恶。于此修善,十日十夜,胜于他方诸佛国中,为善千岁。所以者何?他方佛国,福德自然,无造恶之地。唯此世间,善少恶多,饮苦食毒③,未尝宁息。

注释:

①德本:功德之根本,有两种解释,一是指"六度"为一切功德之根本,二是指称念阿弥陀佛名号为一切功德之本。

②斋戒:广义指清净身心,谨防身心懈怠。其中,清除心的

不净叫做"斋",禁身的过非叫做戒。狭义则专指"八关斋戒",或特指过午不食的戒法。"八关斋戒"又称"八关戒斋"、"八支斋戒"、"八分斋戒"、"八关斋"、"八戒斋"、"八戒"、"八禁"、"八所应离"。指在家二众于六斋日受持一日一夜的出家戒律。六斋日,即阴历每月八日、十四日、十五日、二十三日,以及月底二日。由于学佛目的在于出离生死,所以佛教认为,在家二众应当在六斋日中的任何一天,到僧团中与出家人一齐过出家生活,受持不杀生、不盗、不淫、不妄语、不饮酒、不香华鬘严身歌舞观听、不坐卧高广严丽的床座、不非时食即过午不食等八戒,以长养出世善根。

③饮苦食毒:"饮"、"食"都是譬喻用法。"苦"是"三苦"、"八苦"等种种苦难、痛苦。"毒"是贪、瞋、痴等三毒烦恼。这里主要是表明众生每日受苦造业从未间断。

译文:

"你们应当广修六度,培植功德之本,不可违犯教诫戒律。要忍辱包容,精进不舍,以慈悲之心专一修行。要守斋持戒,务使身心清净。若能在此秽土依此修行一天一夜,所获的功德胜过在无量寿国里行善百年。什么缘故呢? 在西方极乐世界中,都是积功累德无量之人,所以没有丝毫造作恶业的因缘。而在我们这个五浊恶世之中,修习善行十天十夜,则胜过在其他诸佛国中修善千年。这又是什么缘故呢? 因为他方佛国福德自然而有,没有造作恶业的余地。只有我们这个世间,善少恶多,饮八苦水,食三毒味,没有安宁休止的时候。

"吾哀汝等，苦心诲喻，授与经法。悉持思之，悉奉行之。尊卑、男女、眷属、朋友，转相教语，自相约检，和顺义理，欢乐慈孝。所作如犯，则自悔过。去恶就善，朝闻夕改。奉持经戒，如贫得宝。改往修来，洒心易行①，自然感降，所愿辄得。佛所行处②，国邑丘聚，靡不蒙化，天下和顺：日月清明，风雨以时，灾厉不起③，国丰民安，兵戈无用，崇德兴仁，务修礼让，国无盗贼，无有怨枉，强不凌弱，各得其所。

注释：

①洒(xǐ)心易行：洒，为"洗"的古字。"洒心"即洗涤心中污垢烦恼；"易行"即转恶为善，改邪归正。

②佛所行处：指佛所到之处。这里泛指佛法所流行、推行之处。

③灾厉："灾"指各种自然灾害，"厉"指疫疠。

译文：

"我哀悯你们，所以才苦口婆心地开示教导，传授给你们离苦得乐的方法。你们当受持思考，精勤奉行。对于我的教导，无论尊卑、男女还是你的亲眷、朋友，对于一切众生都要如实转述，还要时时自相约束、反省、检点，使言行举止合顺于我的经法教义，以使众生皆得欢喜安乐，上慈下孝。所作所为如有违犯经戒的地方，定要深自忏悔，自行改过。远离恶业，亲近善行，发现过失，立即改正。奉行经典中的教诫，就像贫穷的人得到珍宝一样的珍惜。改正以往的恶行，修行善因以为将来积德，涤除心中的污垢，改正行为中的错失，如此则自然感应到佛力加持，凡所求愿，都能圆满获得。佛法所推行之处，大到国家、都市，小到乡镇、村落，一体众生无一例外地蒙受教化，天下由此一派祥和顺泰：日清月明，风调雨顺，灾害不生，疾疫不起，国家丰足，人民安乐，兵将解甲，刀枪入库，尊崇道德，兴施仁政，人民讲信修睦，礼让谦和，社会安定和谐，没有盗贼，亦无怨屈，强不欺弱，众不暴寡，人人各得其所，安居乐业。

"我哀汝等，甚于父母念子。我于此世作佛，以善攻恶，拔生死之苦，令获五德①，升无为之安②。吾般泥洹③，经道渐灭④，人民谄伪，复为众恶，五烧五痛，久后转剧。汝等转相教诫，如佛经法，无得犯也。"

注释：

①五德：即不杀生、不偷盗、不邪淫、不妄语、不饮酒等五善。

②升无为之安：意指提升境界，最终证得无上佛果。

③般泥洹：又作"般涅槃"。本意为熄灭或吹熄的状态。佛教中指当烦恼火熄灭之后，即至于智慧完成而臻于觉悟之境，故佛教以达到此一境界为最后目的。

④经道渐灭："经道"指佛法，"渐灭"即逐渐消失。这里是指佛法在佛灭后的末法时期就会逐渐消失。

译文：

"我对你们的哀悯关切，胜过世间父母对于儿女的慈爱关怀。我在此五浊恶世上示现成佛，传授种种善法，以对治一切烦恼恶习，彻底拔除生死轮回之苦，教导众生修行五善、成就五德，不断提升境界，最终证得无上佛果。我圆寂之后，佛法经教势将逐渐湮灭，那时，人心谄曲伪诈，又会造作种种恶业，五烧五痛，愈演愈烈。你们务必要将我的经教辗转相告，互相劝导勉励，如佛在经上所说的理论和方法修学，依教奉行，决不可以违犯。"

弥勒菩萨，合掌白言："世人恶苦，如是如是。佛皆慈哀，悉度脱之。受佛重诲，不敢违失。"

译文：

弥勒菩萨合掌顶礼，向释迦牟尼佛禀白道："世间人民造作五恶，感得五痛、五烧的苦报，一切皆如我佛所言。佛以大慈大悲之心哀悯众生，普度一切众生出离苦海，得到解脱。我等接受佛陀深刻的教诲，决不敢有丝毫违背、忘失。"

礼佛现光第三十八

本品讲述阿弥陀佛及释迦牟尼佛以慈悲之心和无边法力加持与会大众,使在法会中听法的每一个人,都亲自耳闻目睹极乐世界的依正庄严。以"三转法轮"的说法,为了使众生信受佛法,有"示相转"、"劝修转"、"引证转"三转,本品属于"引证转",或称"证转"、"作证转",就是拿出确切证据给与会大众看,西方极乐世界、弥陀净土,确确实实地存在,绝非虚无缥缈的存在。同时,本品中还反复指出了面向西方,恭敬顶礼,口中称念"南无阿弥陀佛"的净土法门,这对后世净土宗教仪式的影响不可忽视。

佛告阿难:"若曹欲见无量清净平等觉①,及诸菩萨、阿罗汉等所居国土,应起西向,当日没处,恭敬顶礼,称念南无阿弥陀佛②。"

注释:

①无量清净平等觉:即阿弥陀佛。本经汉代译本称无量寿佛为"无量清净平等觉",或"无量清净觉"。

②南无:又作"南牟"、"那谟"、"南谟"、"那摩"等,意译为"礼敬"、"归敬"、"归依"、"归命"、"信从"。印度礼仪,低头合掌,口称"南无",即表示致敬。原意含救我、度我、屈膝之意。

佛教中多使用于佛、菩萨的名号或佛教经典之前,表示对佛、菩萨以及佛法的归依、信顺和尊崇。如"南无阿弥陀佛"、"南无三宝"等。

译文:

释迦牟尼佛告诫阿难说:"你们如果想见无量寿佛以及西方极乐世界诸菩萨、阿罗汉等所居住的净土,应当起身朝向西方,面对日落之处,恭敬地顶礼,称念'南无阿弥陀佛'。"

阿难即从座起,面西合掌,顶礼白言:"我今愿见极乐世界阿弥陀佛,供养奉事,种诸善根。"顶礼之间,忽见阿弥陀佛,容颜广大,色相端严,如黄金山,高出一切诸世界上。又闻十方世界,诸佛如来,称扬赞叹阿弥陀佛种种功德,无碍无断。

译文:

阿难立刻从座位上站起来,面向西方,合掌顶礼,并发愿道:"我今愿见极乐世界阿弥陀佛,供养侍奉阿弥陀佛,以此培植我的种种善根。"顶礼之间,阿弥陀佛忽然示现在他的面前。阿弥陀佛容颜广大,色相端正庄严,如黄金山一样,高出一切诸世界之上。又听到十方世界的诸佛如来,都在称颂赞叹阿弥陀佛的种种功德,称颂赞叹之声遍满虚空,没有阻隔,久久不断。

阿难白言:"彼佛净刹,得未曾有,我亦愿乐生于彼土。"世尊告言："其中生者，已曾亲近无量诸佛，植众德本。汝欲生彼，应当一心归依瞻仰。"

译文：

阿难禀白道："今日得见极乐世界清净庄严，都是我从来见所未见、闻所未闻的，我也乐意往生极乐世界。"世尊告诉他说："西方极乐世界的往生者，过去都曾亲近、供养过无量诸佛，培植积累了种种福德善根。你想往生西方极乐世界，就应当一心一意地皈依和瞻仰阿弥陀佛。"

作是语时，阿弥陀佛即于掌中放无量光，普照一切诸佛世界。时诸佛国，皆悉明现，如处一寻①。以阿弥陀佛殊胜光明，极清净故，于此世界所有黑山、雪山、金刚、铁围大小诸山②，江河、丛林、天人宫殿，一切境界，无不照见。譬如日出，明照世间，乃至泥犁、溪谷、幽冥之处③，悉大开辟，皆同一色。犹如劫水弥满世界④，其中万物，沉没不现，滉瀁浩汗⑤，唯见大水。彼佛光明，亦复如是，声闻菩萨，一切光明，悉皆隐蔽，唯见佛光，明曜显赫。

注释：

①一寻：寻为古代长度单位，相当于两臂伸开的长度，多以八尺为一寻。这里用来形容距离非常近。

②黑山：又称"黑岭"，位于今阿富汗东部，喀布尔河支流卡瓦河及毕齐河上游处。据《大慈恩寺三藏法师传》卷二载，玄奘西游印度，从迦毕试国进入滥波国时，即曾跋涉峻峭峰岩而越过黑山。雪山：多指位于印度半岛北边的喜马拉雅山脉的总称，又称"大雪山"。因四时皆为雪所覆盖，故有此称。印度视此山为神圣山脉，经常为其国神话与传说的题材，佛典中也屡见其名。也有以雪山为葱岭西南兴都库什山脉的总称者。金刚：即金刚铁围山，指围绕整个世界的铁围山。也有解作须弥山。

③泥犁：即地狱。

④劫水：是佛经上所说的世界坏灭时所起的大三灾之一的水灾。据说，坏劫来临时，水由地下水轮涌出，大雨倾盆而下，雨滴甚粗，或如车轴，或如巨杵，这一灾害经历多年而不止，第二禅天以下，全部将被浸没而败坏。

⑤浤瀁(yǎng)浩汗：指水深广，浩瀚无际。"浤瀁"有深广的意思，"浩汗"即浩瀚。

译文：

释迦牟尼佛正说此话的时候，阿弥陀佛就在手掌中放出无量光明，普照一切诸佛世界。这时候，诸佛国都全部显现出来，如在眼前一寻之处。由于阿弥陀佛殊胜的光明，极其清净，所以整个世界，一时朗现：所有的黑山、雪山、金刚山、铁围山等大大小小的山，乃至所有的江河、丛林、天人宫殿等等一切境界，无一例外地照现出来。如同太阳升起，佛的光明普照世间，乃至于地狱、溪谷、幽冥之处,全都开明朗现,世上一切事物无不耀现出同样的金色光芒。就好像劫水弥漫于整个世界,其中的万物沉没不现,浩瀚无际,只能看见大水。阿弥陀佛的光明亦是这样,声闻、菩萨的一切光明,全都隐蔽不现,唯见佛光明耀无比,显赫非凡。

此会四众、天龙八部、人非人等①,皆见极乐世界,种种庄严。阿弥陀佛,于彼高座,威德巍巍,相好光明。声闻菩萨,围绕恭敬。譬如须弥山王②,出于海面,明现照耀。清净平正,无有杂秽,及异形类,唯是众宝庄严,圣贤共住。

注释:

①天龙八部:略称"八部众",指天神、龙、蛇等护持佛法的八种神族。即天、龙、夜叉、乾闼婆、阿修罗,迦楼罗、紧那罗、摩睺罗伽。"八部众"中,以天、龙二众为上首,故标举其名,统称"天龙八部"。"八部众"不能为凡人肉眼所看到,所以又称"冥众八部"。人非人:即"天龙八部"中的紧那罗众,又称"疑神"、"疑人"。原为印度神话中之神,后被佛教所吸收。据《华严经探玄记》卷二载,此神形貌似人,然顶有一角,人见而起疑,故译为"疑人"、"疑神"。因其具有美妙的音声,能歌善舞,又称"歌神"、"乐神"。

②须弥山王:即须弥卢山王,为佛教十山王之一,因其高于其他诸山,故称"山王"。此山由纯宝所成,大威德天皆住其中;

比喻法云地之菩萨,具足如来之力,成就无畏。

译文:

在此法会中的四众弟子、天龙八部、人非人等,都亲眼见到了极乐世界的种种庄严。阿弥陀佛端坐在他的高座之上,威严肃穆,功德巍巍,瑞相光明。声闻、菩萨弟子十分恭敬地拥立在他的身边。好像须弥山王,高高地升出于海面之上,散出无量光明,照耀四方。那里清净安稳,宽广平正,没有杂乱的污秽之物,也没有异形怪物,全由各种宝物庄严修饰,唯有圣人与贤者居住在一起。

阿难及诸菩萨众等,皆大欢喜,踊跃作礼,以头著地,称念南无阿弥陀三藐三佛陀①。诸天人民,以至蜎飞蠕动,睹斯光者,所有疾苦,莫不休止,一切忧恼,莫不解脱。悉皆慈心作善,欢喜快乐。钟磬琴瑟,箜篌乐器,不鼓自然皆作五音。诸佛国中,诸天人民,各持花香,来于虚空,散作供养。

注释:

①三藐三佛陀:又作"三藐三没驮"、"三耶三佛"、"三耶三佛陀",意译为"正遍知"、"正等觉"、"正等觉者"。为如来十号之一。所以"南无阿弥陀三藐三佛陀"即"南无阿弥陀佛"之意。

译文:

　　阿难及诸菩萨见到阿弥陀佛及其极乐世界,都生大欢喜心,争相顶礼膜拜,五体投地,口中称念"南无阿弥陀三藐三佛陀"。诸天界人民,以至飞蝇爬虫等一切众生,凡见到阿弥陀佛的殊胜光明者,所有的疾病痛苦,莫不消失,一切的忧愁烦恼,无不解脱。人人都生发慈悲之心,行善积德;各个法喜充满,欢欣快乐。钟、磬、琴、瑟、箜篌等乐器,不鼓不弹不吹不奏便自然地发出交响动人的音乐。十方诸佛世界中的诸天人民,也各持鲜花、供香,来到虚空之中,虔诚恭敬地供养佛。

　　尔时,极乐世界,过于西方百千俱胝那由他国,以佛威力,如对目前,如净天眼,观一寻地,彼见此土,亦复如是。悉睹娑婆世界,释迦如来,及比丘众,围绕说法。

译文:

　　那时,极乐世界虽远在西方百千俱胝那由他国度之外,以佛的威神之力加持,如同近在眼前,又如同以清净的天眼,观看一寻以外的地方那样清晰明了。极乐世界上的圣众看我们的娑婆世界也是如此清晰明了,他们也看到了释迦牟尼如来佛,以及与会的比丘大众,拥绕着释迦牟尼佛,听说佛法。

慈氏述见第三十九

本品与上一品的目的一样,都是引证除疑,只是本品着重从阿难、弥勒对于耳闻目睹西方极乐世界种种境界之后的亲口证实,来证明佛言无妄,弥陀净土的依正庄严真实不虚。在本品中,释迦牟尼佛与阿难、弥勒一问一答,对于极乐净土的种种殊胜的真实性都作了确定无疑的回答。最后,通过佛陀提问、弥勒作答的形式,引出了一个作为下一品主题的问题,即是:是什么因缘,造成西方极乐世界中的人有的胎生,有的化生呢?

尔时,佛告阿难,及慈氏菩萨①:"汝见极乐世界,宫殿、楼阁、泉池、林树,具足微妙、清净庄严不②?汝见欲界诸天③,上至色究竟天④,雨诸香华,遍佛刹不?"

注释:

①慈氏菩萨:即"弥勒菩萨"的意译。据《弥勒上生经》《弥勒下生经》所载,弥勒出生于婆罗门家庭,后为佛弟子,先佛入灭,以菩萨身为天人说法,住于兜率天。据传此菩萨欲成熟一切众生,由初发心即不食肉,因此而名为慈氏。而根据《大日经疏》卷一,又认为慈氏菩萨是因为在佛四无量中的"慈"为第一无量,是从如来种姓中所生,能使一切世间不断佛种,所以称为"慈氏"。释迦牟尼曾作预言为之授记,当弥勒在兜率天四千年

（约人间五十七亿六千万年）寿尽时，将下生此世，在龙华树下成佛，分三会说法。以其代释迦牟尼佛说教之意，又称其为"一生补处菩萨"、"补处菩萨"、"补处萨埵"；到那时必将成佛，所以亦称"弥勒佛"、"弥勒如来"。中国一般寺庙供奉的笑口常开胖弥勒像为五代时的契此和尚，因契此和尚传说为弥勒化身，因此而为后人塑像供奉。往生兜率天的弥勒净土信仰，自古与阿弥陀信仰同为佛教徒所重。

②不(fǒu)：同"否"。下文皆同。

③欲界诸天：即四王天、忉利天、夜摩天、兜率天、乐变化天、他化自在天。欲界六天的共同特质是仍有欲乐，是有淫食二欲的众生所住的世界。

④色究竟天：又作"碍究竟天"、"一究竟天"、"一善天"、"无结爱天"、"无小天"。是色界四禅天的最顶位，色界十八天的第十八天，五净居天之一。此天为修最上品四禅者所生之处，其果报在有色界中为最胜，所以称"色究竟天"。

译文：

那时，释迦牟尼对阿难以及弥勒菩萨说道："你们看见极乐世界的宫殿、楼阁、泉池、林树等一切景物，是否都无一例外的穷微尽妙、清净庄严？你们看见欲界诸天，上至色究竟天，降香花之雨，那花遍散十方佛国净土了吗？"

阿难对曰："唯然已见。"

译文:

阿难回答说:"您所说的一切,我们确实都看见了。"

"汝闻阿弥陀佛大音宣布一切世界,化众生不?"

译文:

释迦牟尼佛又问道:"你们是否听到阿弥陀佛说法的声音,周遍散布十方一切世界,以教化众生没有?"

阿难对曰:"唯然已闻。"

译文:

阿难回答说:"是的,我们确实都听到了。"

佛言:"汝见彼国净行之众①,游处虚空,宫殿随身,无所障碍,遍至十方供养诸佛不?及见彼等念佛相续不?复有众鸟,住虚空界,出种种音,皆是化作,汝悉见不?"

注释:

①净行之众:即具足清净行持的大众。这里指极乐世界的菩萨们。

译文:

释迦牟尼佛又说:"你们看见极乐世界清净修行的菩萨们,

游行于空之中,他们所居住的宫殿亦紧随身后,没有任何障碍,他们如此飞行,遍至十方世界,供养诸佛了吗？你们看到他们念佛相续不断了吗？还有各种飞鸟,行于虚空之中,鸣叫出种种悦耳动听的声音,这些都是阿弥陀佛的变化所为,你们全都看见了吗？"

慈氏白言：“如佛所说,一一皆见。”

译文：

弥勒菩萨禀白道：“如佛所说,我们确实都一一看见了。”

佛告弥勒：“彼国人民有胎生者①,汝复见不？”

注释：

①胎生：本意为四生(胎生、卵生、化生、湿生)之一,即由母胎而生。劫初的人类,男女未分,所以都是化生,后来因为发生淫情,生出男女二根,才变为胎生。本经所谓胎生,则与此不同,主要是要说明因疑惑心而念佛往生极乐世界的众生,最初只能往生到极乐净土的边地的莲胎之中,不能见佛闻法。本经下一品对此情形进行了更为详尽的介绍。

译文：

释迦牟尼佛又向弥勒菩萨发问道：“西方极乐世界的人民中有的是胎生的,你看到了吗？”

弥勒白言:"世尊,我见极乐世界人住胎者,如夜摩天^①,处于宫殿。又见众生,于莲华内结跏趺坐^②,自然化生,何因缘故?彼国人民,有胎生者,有化生者?"

注释:

①夜摩天:意译为"善时分"、"善时"、"善分"、"妙善"、"妙时分"、"妙唱"、"唱乐"等。欲界六天之第三天。据《正法念处经》卷三十六、《立世阿毗昙论》卷六、《佛地经论》卷五、《慧苑音义》卷上等所载,此天界光明赫奕,无昼夜之分,居于其中,时时刻刻享受不可思议的欢乐。

②结跏趺(fū)坐:又作"结加趺坐"、"结跏趺坐"、"跏趺正坐"、"跏趺坐"、"加趺坐"、"跏坐"、"结坐"。即互交二足,结跏安坐。在诸坐法中,结跏趺坐最安稳而不易疲倦,因此佛教认为是圆满安坐之相,诸佛皆依此法而坐,所以又称"如来坐"、"佛坐"。其坐法即双膝弯曲,两足掌向上,又可分为"降魔坐"、"吉祥坐"两种:(一)先以右足压左股,后以左足压右股,二足掌仰于二股之上,手亦左手居上,称为"降魔坐"。天台、禅宗等显教诸宗多传此坐。(二)先以左足压右股,后以右足压左股,手亦右手压左手,称为"吉祥坐",密宗亦称之为"莲花坐"。如来于菩提树下成正觉时,身安吉祥之坐,手作降魔印。吉祥坐多见于密教,是以右足表示佛界,左足表示众生界。以右足压左足,乃佛界摄取众生界,众生界归佛界之意,即表示生佛不二。

译文:

弥勒菩萨回答说:"世尊,我看见极乐世界有胎生的人,犹如夜摩天人住在宫殿中一样快乐。但又看见往生极乐净土的众生,都在莲花内结跏趺坐而自然化生,那是什么因缘? 西方极乐世界中的人又是什么因缘造成有的胎生,有的化生呢?"

边地疑城第四十

　　本品承接上一品,回答弥勒有关往生极乐净土的众生,都应在莲花内结跏趺坐而自然化生,那为什么自己又亲眼看到西方极乐世界中,还有一些人尽管极享福乐,但仍属胎生的疑问。本品指出,众生尽管善恶因业,能造成六道轮回或往生极乐净土的因果报应,但由于对如来果地的圆满智慧持怀疑态度;或者尽管坚定相信佛智圆满,但对自己的善根却不够自信,则虽可因其持续念佛不辍,以念佛的功德,结成往生极乐世界的善愿之力,最终得以往生西方极乐世界,但由于其心念犹疑不坚,以疑惑心修诸功德,最终只能往生于极乐净土的边地疑城中,五百年中不能见佛,不得听佛说法,不得自在。从而由此劝导人们,应当深信切愿,无论对于圆满佛智还是自身慧根,都莫生疑虑,一心求生净土。

　　需要指出的是,本品所谓在"边地疑城"中的"胎生",并非果然由结胎而生,其实仍是在莲花中自然化生的,只是由于他们在七宝疑城中不能出离,所居住的房舍宅院只在地上,不能随心所欲地变化高低大小。在五百年之中,不能见到阿弥陀佛,也没有机会听闻佛的经教,不能见到菩萨、声闻圣众。智慧不够开通明达,对于佛法经典又知之不多,不能心开意解,法喜之心难得生起,所以称为"胎生"。

佛告慈氏："若有众生，以疑惑心修诸功德，愿生彼国，不了佛智、不思议智、不可称智、大乘广智、无等无伦最上胜智[1]，于此诸智，疑惑不信，犹信罪福，修习善本，愿生其国。复有众生，积集善根，希求佛智、普遍智、无等智、威德广大不思议智[2]，于自善根，不能生信，故于往生清净佛国[3]，意志犹豫，无所专据，然犹续念不绝，结其善愿为本，续得往生。

注释：

[1]佛智：佛所具有的智慧。《大智度论》云："佛智慧有二种：一者无上正智，名阿耨多罗三藐三菩提，二者一切种智，名萨般若。"而唯识法相则将佛智分为"大圆镜智"、"平等性智"、"妙观察智"、"成所作智"等四智，密教则再加上"法界体性智"而成五智。不思议智：意指佛的智慧深不可测，难以思议。唐海东元晓《无量寿经宗要》认为"不思议智"即是"成所作智"。不可称智：佛的智慧不是言语所能尽述的。《无量寿经宗要》认为"不可称智"即"妙观察智"。大乘广智：佛的智慧深妙无差别，能够普度无边有情，同登彼岸，同证无上菩提，所以《无量寿经宗要》认为"大乘广智"即平等性智。无等无伦最上胜智：即佛的智慧至高无上，究竟圆满，无与伦比，所以《无量寿经宗要》认为与大圆镜智相应。

[2]普遍智：即上段经文提及的"大乘广智"。无等智：即上段经文提及的"无等无伦最上胜智"。威德广大不思议智：即上段经文提及的"不可称智"与"不思议智"。

③清净佛国：即阿弥陀佛佛国净土，也即西方极乐世界。

译文：

释迦牟尼佛对弥勒菩萨说道："如果有的众生用疑惑的态度去修称念佛号等种种功德，发愿往生西方极乐世界，但他们不能明了佛智、不思议智、不可称智、大乘广智、无等无伦最上胜智的奥妙，对于这些如来果地上的圆满智慧持怀疑而不相信的态度，但他们还相信五逆十恶等重罪以及五戒十善等福业，能造成六道轮回或往生极乐净土的因果报应，因而修习为善功德，发愿往生极乐世界。还有一类众生，积累功德善根，希望求得佛智、普遍智、无等智、威德广大不思议智，但对自己的善根却不够自信，因此，对于是否能往生西方极乐世界，犹疑不定，心志不专，但他仍然能够持续念佛不辍，以念佛的功德，结成其往生极乐世界的善愿之力，所以还是能够往生西方极乐世界。

"是诸人等，以此因缘，虽生彼国，不能前至无量寿所。道止佛国界边①，七宝城中。佛不使尔②，身行所作，心自趣向。亦有宝池莲华，自然受身，饮食快乐，如忉利天。于其城中，不能得出，所居舍宅在地，不能随意高大。于五百岁，常不见佛，不闻经法，不见菩萨声闻圣众。其人智慧不明，知经复少，心不开解，意不欢乐。是故于彼，谓之胎生。

注释：

①道止：本意为半途而废之意。这里指停留。

②佛不使尔：指上述往生之路只到极乐世界边上的七宝城中的后果，并不是阿弥陀佛所造成的。

译文：

"上述两类人，以他们的因缘福报虽得以往生西方极乐世界，但不能直接前往阿弥陀佛的住所。他们的往生之路只到极乐世界边上的七宝城中。这并不是阿弥陀佛刻意而为，根本原因在于他们自身的行为和内心的取向不够坚定。他们也是从宝池莲花中自然化生，饮食方面的快乐，和忉利天人一样。但他们在七宝疑城中不能出离，所居住的房舍宅院只在地上，不能随心所欲地变化高低大小。在五百年之中，不能见到阿弥陀佛，也没有机会听闻佛的经教，不能见到菩萨、声闻圣众。这些人的智慧不开通明达，对于佛法经典又知之不多，不能心开意解，法喜之心难得生起。由于以上这些原因，所以称他们为'胎生'。

"若有众生，明信佛智，乃至胜智①，断除疑惑，信己善根，作诸功德，至心回向，皆于七宝华中，自然化生，跏趺而坐。须臾之顷，身相、光明、智慧、功德，如诸菩萨，具足成就。弥勒当知，彼化生者，智慧胜故。其胎生者，五百岁中，不见三宝②，不知菩萨法式，不得修习功德，无因奉事无量寿佛。当知此人，宿世之时③，无有智慧，疑惑所致。"

注释：

①胜智：指本品前面提及的四种殊胜智慧，即不思议智、不可称智、大乘广智、无等无伦最上胜智。

②不见三宝：这里指见不到阿弥陀佛，也听不到阿弥陀佛说法，同时也见不到极乐世界的诸大菩萨。也即本品前面所说的"常不见佛，不闻经法，不见菩萨声闻圣众"的意思。

③宿世：即前生、前世、过去世之意。宿世的生存状态，称为"宿命"；宿世的习性，称为"宿习"；宿世所结的因缘，称为"宿因"、"宿缘"。宿世所造之业，称为"宿业"、"宿行"。根据宿世业因而感得的果报，称为"宿报"。

译文：

"如果有众生能明确坚定地信奉佛的圆满智慧，乃至四种殊胜智慧，断除对佛智圆满的所有疑惑，同时也坚信自己的善根，勤修六度万行，做种种功德善事，并将所修功德全心全意地回向所愿，往生极乐净土，就可以在七宝莲花中自然化生，结跏趺坐。片刻之间，身色相好、光明、智慧、功德，如同诸菩萨一样，具足成就。弥勒，你们应当知道，这些化生者之所以能得化生，是因为他们的智慧殊胜，超过上述胎生者的缘故。那些胎生者，在五百年中不得见佛法僧三宝，不得见菩萨修行作法的方法，不得修习种种功德，没有奉事无量寿佛的因缘。应当知道，这是因为这些人在前世的时候，缺乏必要智慧，怀疑佛德圆满智慧以及自身善根，方才往生到边地疑城之中。"

惑尽见佛第四十一

本品承接上一品,继续奉劝众生应当断除疑惑,坚定信心,以求往生极乐,得见弥陀。本品开首以王子被囚之喻,说明往生到西方极乐世界边地疑城的众生,也同被囚的王子一样。虽能往生净土,但犹如转轮圣王的犯罪王子们在七宝狱的园苑宫殿中禁闭一样,不得自在。所以只会以此为苦,而不会欣喜快乐。只有认识到自己往生边地、久处莲胎的根源,深刻地忏悔、自责,希望出离边地疑城,等到过去世的一切疑惑全部断尽之后,方才能够出离此地,得见阿弥陀佛,听佛说法。最后,本品又借弥勒的疑问,回答了能否往生极乐世界的根据,即众生应当以"信"为根本,信佛智圆满,信自根清净;同时又应以"愿"为前提,当诚心发愿,求生极乐世界;信愿具足,还要辅之以不执着、无分别的"无相"智慧,得到最终的解脱。

"譬如转轮圣王①,有七宝狱,王子得罪,禁闭其中。层楼绮殿②,宝帐金床,栏窗榻座,妙饰奇珍,饮食衣服,如转轮王。而以金锁③,系其两足。诸小王子,宁乐此不?"

注释:

①转轮圣王:另作"转轮王"、"转轮圣帝"、"轮王"、"飞行转

轮帝"、"飞行皇帝"。即旋转转轮宝之王,是佛教政治理想中的统治者。详参本经第八"积功累德"品"转轮圣帝"注释。

②绮殿:以绮罗锦缎装饰而成的宫殿。这里喻指装饰得富丽堂皇的宫殿。

③镼(suǒ):同"锁"。这里指锁链。

译文:

释迦牟尼佛继续说道:"譬如转轮圣王有七宝狱,如果有王子犯了罪,就被禁闭在里面。楼阁重重,宫殿华丽,里面的宝帐、金床、栏杆、窗户、卧榻、坐椅,都用珍奇异宝装饰而成,饮食服饰,也同转轮王本人一样的规格。但他的双脚,却被金锁锁住。这些被禁闭的小王子,会喜欢这样吗?"

慈氏白言:"不也,世尊! 彼幽絷时①,心不自在。但以种种方便,欲求出离。求诸近臣,终不从心。轮王欢喜,方得解脱。"

注释:

①幽絷(zhí):即幽禁。"絷"本义为拴住马足的绳索,转义为拘禁、束缚。

译文:

弥勒菩萨回答道:"不会喜欢的,世尊! 王子被禁闭于七宝狱时,失去自由,他们的精神不会自在。只能采用种种办法,以求从其中出来。他求助于转轮王身边的近臣，终究不能如愿，只有等到转轮王高兴的时候，才能得到解脱。"

佛告弥勒："此诸众生，亦复如是。若有堕于疑悔，希求佛智，至广大智，于自善根，不能生信，由闻佛名，起信心故，虽生彼国，于莲华中，不得出现。彼处华胎，犹如园苑宫殿之想。何以故？彼中清净，无诸秽恶，然于五百岁中，不见三宝，不得供养奉事诸佛，远离一切殊胜善根^①。以此为苦，不生欣乐。若此众生，识其罪本^②，深自悔责，求离彼处，往昔世中，过失尽已，然后乃出，即得往诣无量寿所，听闻经法，久久亦当开解欢喜，亦得遍供无数无量诸佛，修诸功德。汝阿逸多^③！当知疑惑，于诸菩萨为大损害，为失大利，是故应当明信诸佛无上智慧。"

注释：

①一切殊胜善根：这里专指得见阿弥陀佛以及极乐世界的诸大菩萨，并得闻阿弥陀佛说法等善根。

②罪本：指前面经文所说的对如来果地的圆满智慧持怀疑态度，或者对自己的善根不够自信这两种导致往生边地、久处莲胎的疑惑。

③阿逸多：一般认为"阿逸多"即弥勒的字号，如鸠摩罗什《维摩经注》云："弥勒，姓也。阿逸多，字也。南天竺婆罗门

子。"但也有认为并非弥勒,而是与其同时的释迦牟尼佛的另一弟子。

译文:

释迦牟尼告诉弥勒菩萨说:"这些往生到西方极乐世界边地疑城的众生,也同被囚的王子一样。他们对于佛智心存疑窦而生后悔,或者有求佛智乃至广大智之心,但又对自己的善根不能坚信不移,那么尽管由于听闻阿弥陀佛的名号而生起信心的缘故,得以往生西方极乐世界,但在莲花之中却不能出现。他们身处莲花的胎胞之中,犹如转轮圣王的犯罪王子们在七宝狱的园苑宫殿中禁闭一样。为什么呢?因为他们莲花的胎胞虽然无比清净而无秽垢染污,但是在五百年之久的实践中,不能见到佛、法、僧三宝,不能供养侍奉十方诸佛,无缘修习一切殊胜善根。他们只会以此为苦,而不会因此欣喜快乐。但如果这些往生边地疑城的众生,能够认识到自己往生边地、久处莲胎的根源,深刻地忏悔、自责,希望出离边地疑城,等到过去世的一切疑惑全部断尽之后,就能够出离此地,立时便得以来到阿弥陀佛的住所,听闻阿弥陀佛讲经说法,久而久之,其心也将得到开悟,心生欢喜,也将能够普遍无碍地供养十方无量诸佛,修行种种功德。弥勒!你应当明白,疑惑对于诸菩萨来说,损害甚大,只要有此疑惑,那种不退成佛的殊胜利益就不能成就,所以,应当明确坚定地相信诸佛的无上智慧。"

慈氏白言:"云何此界一类众生,虽亦修善,而不求生？"佛告慈氏："此等众生，智慧微浅，分别西方，不及天界，是以非乐，不求生彼。"慈氏白言："此等众生，虚妄分别，不求佛刹，何免轮回？"

译文：

弥勒菩萨又问道："为什么我们这个世界中有这样一类众生，他们虽也肯修善积德，但却不求往生西方极乐世界？"释迦牟尼佛告诉慈氏："这一类众生，由于智慧太过浅薄，以为西方极乐世界不如天界，以为到西方极乐世界得不到真实快乐，所以不求往生西方极乐世界。"弥勒菩萨接着又问道："这一类的众生，以其愚痴妄加判断，不追求佛国净土，他们凭什么才得脱离轮回之苦呢？"

佛言："彼等所种善根，不能离相，不求佛慧，深著世乐，人间福报，虽复修福，求人天果。得报之时，一切丰足，而未能出三界狱中。假使父母、妻子、男女、眷属，欲相救免，邪见业王[1]，未能舍离，常处轮回而不自在。汝见愚痴之人，不种善根，但以世智聪辩，增益邪心，云何出离生死大难[2]？复有众生，虽种善根，作大福田[3]，取相分别[4]，情执深重，求出轮回，终不能得。若以无相智慧[5]，植众德本，身心清净，远离分别，求生净刹，趣佛菩提，当生佛刹，永得解脱。"

注释:

①邪见业王:即为邪见之业所主宰。"邪见业"指邪知邪见、分别执着所造之业。"王"喻指主宰。

②生死大难:这里指沉沦六道轮回、生死苦海之中。

③大福田:本经这里特指持名念佛。

④取相:执着于事理的外相。

⑤无相智慧:"无相"就是不执着,对世法、佛法都不起执着、分别之心。而由无执着的清净心生起的智慧便是"无相智慧"。

译文:

释迦牟尼佛回答道:"这一类众生对所修的善根,著相难忘,不求佛的性相无碍的真实智慧,深深执着于世俗的快乐,贪图于世间的福报享受,所以他们虽然修福,所求的却是人天福报。得报的时候,一切所需都能满愿,但是终究不能出离三界牢狱。假如他们的父母、妻子、家亲眷属想要救他免除轮回之苦,但是因为他们的邪知邪见、分别、执着,根深蒂固,主宰着他们,使他们无法舍离,所以,这些人仍时时处在轮回之中,永远不会得到自在。你们看那些愚痴之人,他们从不修善积德培植善根,只凭着世俗人认为的智慧聪明和能言善辩,攫取世俗利益,助长邪知邪见,这样的人,怎么能够脱离生死轮回的苦海呢?还有一类众生,虽也修善积德,培植善根,做了能够得到大福报善业,但他们往往惑于取相,分别、执着的情执过于深重,这样,纵然有心出离轮回苦海,也是终不能成功。如果以不执着、无分别的'无相'智慧,广修福德,培植善根,身心清净,无垢无染,远离妄想、分别、执着,一心追求往生净土,发求得佛觉悟的无上菩提之心,如此则决定往生西方极乐世界,得到最终的解脱。"

菩萨往生第四十二

　　本经此前所论往生极乐世界者,或有所谓上中下三辈往生者,或有所谓疑惑未能断尽而往生边地疑城者,凡此种种往生者的身份,都属于众生往生,本品则进一步说明菩萨往生情状,可以视为本经前面内容的一个重要补充。十方世界无量无尽菩萨,发心趣向念佛成佛的净土法门,精进修行,决定往生西方极乐世界。由此凸显净土法门,圣凡齐收,利钝悉被,从而达到普劝众生,求生极乐的功效。

　　另外,本品通过罗列众多佛国的无量菩萨的踊跃往生,无疑能使普罗大众产生仿效之心,对此简便易行的念佛法门更易生起信向之愿;而动辄以千亿万亿计的菩萨往生数据,也无疑为他们的修行给予鼓舞和激励。还需指出的是,本品还具名列举了远照佛刹、宝藏佛刹、无量音佛刹等十三个佛刹,其具体方位、含义尚无确解,如《无量寿经会疏》说:"十三次序,为出世前后,为约方所,其义未明。"所以本经注释也不作深究,可理解为这十三所佛刹只是无量佛国刹土中的略例。因此品末最后有"十方世界诸佛名号及菩萨众,当往生者,但说其名,穷劫不尽"的说法。

　　弥勒菩萨白佛言:"今此娑婆世界,及诸佛刹不退菩萨①,当生极乐国者,其数几何?"

注释:

①不退:即不再退转的意思。佛教一般有三种不退,一、即位不退,证到圆教的初信位,破了见惑,进入圣人的境界,便永远不再退回到以前凡夫的地位;二、行不退,证到圆教的十信位,破了思惑与尘沙惑,此时专门济度一切众生,永远不会再退回到以前二乘的地位;三、念不退,证到圆教的初住位,不但证悟了自己的灵性,而且得到无生法忍,此时的心便安住在这种真实智慧的念头上,永远不会再退失。

译文:

弥勒菩萨又向释迦牟尼佛请教道:"现在我们这娑婆世界,以及在其他的诸佛国土上证得永不退转果位的菩萨,将来会有多少往生西方极乐世界呢?"

佛告弥勒:"于此世界,有七百二十亿菩萨,已曾供养无数诸佛,植众德本,当生彼国。诸小行菩萨①,修习功德,当往生者,不可称计。不但我刹诸菩萨等,往生彼国,他方佛土,亦复如是。从远照佛刹,有十八俱胝那由他菩萨摩诃萨②,生彼国土;东北方宝藏佛刹,有九十亿不退菩萨,当生彼国;从无量音佛刹、光明佛刹、龙天佛刹、胜力佛刹、师子佛刹、离尘佛刹、德首佛刹、仁王佛刹、华幢佛刹,不退菩萨当往生者,或数十百亿,或数百千亿,乃至万亿。其第十二佛名无上华,彼有无数诸菩萨众,皆不退转,智慧勇猛,已曾供养无量诸佛,具大精进,发趣一乘③,于七日中,即能摄取百千亿劫大士所修坚固之法。斯等菩萨,皆当往生。其第十三佛名曰无畏,彼有七百九十亿大菩萨众,诸小菩萨及比丘等,不可称计,皆当往生。十方世界诸佛名号及菩萨众,当往生者,但说其名,穷劫不尽。"

注释:

①小行菩萨:指不退位以下的菩萨。《无量寿经钞》云:"小行等者,十信菩萨名为小行,对不退故。"这就是说相对前所提及的不退菩萨名为大行菩萨,十信菩萨称为小行菩萨。所谓"十信"全称"十信心",略称"十心"。是指菩萨五十二阶位中的最初十位,为信顺佛之教法而不疑的位次。其名称、顺序,诸经所说不一,如《菩萨璎珞本业经》卷上说是信心、念心、精进心、慧心、定心、不退心、回向心、护法心、戒心、愿心。《仁王经》卷上说是信心、精进心、念心、慧心、定心、施心、戒心、护心、愿心、回向心。《大佛顶首楞严经》卷八所说大略同于《璎珞经》,唯回向心与护法心前后次序相反。后来中国佛教中天台宗多依《璎珞经》说法,法相宗则多依《仁王经》的说法。

②摩诃萨:"摩诃萨埵"的略称,"摩诃"为"大"的意思,"萨埵"为"众生"、"心"的意思,"摩诃萨埵"意译为"大心"、"大众生"、"大有情",指有作佛之大心愿的众生,亦即大菩萨。

③发趣一乘:意指发心趣向念佛成佛的净土法门。

译文：

释迦牟尼佛回答弥勒菩萨说："在我们这个世界，有七百二十亿菩萨，已曾供养过无量诸佛，培植积累了无量的功德善本，将来决定往生极乐世界。至于那些小功行菩萨，也在精进不懈地修习功德，也将往生极乐世界，其人数之多，不可计量。不但是我们这世界的无数菩萨将往生极乐世界，他方诸佛世界的菩萨也一样要往生极乐世界。单从远照佛国往生极乐世界的，就有十八俱胝那由他大菩萨往生极乐世界；东北方的宝藏佛国，有九十亿的大菩萨将往生极乐世界；从无量音佛国、光明佛国、龙天佛国、胜力佛国、师子佛国、离尘佛国、德首佛国、仁王佛国、华幢佛国中将往生西方极乐世界的不退菩萨，有的有数十百亿，有的有数百千亿，甚至达到万亿。除了上述十一个佛国外，第十二个佛国名无上花佛国，那里也有无数的菩萨，都证得了阿惟越致不退转的菩萨果位，他们无不智慧勇猛，已曾供养了无量诸佛，在修学上都具足大精进之功，发心趣向一乘成佛法门，在七天之中，即能摄受大菩萨历经百千亿劫所修的不退转法。这些菩萨都将得以往生西方极乐净土。第十三个佛国名叫无畏佛国，其佛国有七百九十亿大菩萨众，至于其他小行菩萨以及比丘等更是多得不可计数，都将决定往生。十方世界诸佛的名号，以及他们佛国中将要往生西方极乐世界的菩萨众，多得不可计数，单说其名号，历尽一劫也说不完。"

非是小乘第四十三

　　本品以下诸品经文，都属于本经的"流通分"。进入"流通分"，就意味着本经进入了收尾阶段，主要就是要付嘱弟子令本经之教能流通远布于后代。弥陀净土信仰向来被称为"易行道"，所谓"易行"是指众生一向专念"南无阿弥陀佛"名号，乘阿弥陀佛本誓愿力，即得往生西方极乐净土，而又由于到了彼佛净土之后，所见所闻，都是阿弥陀佛说法教化的设施，耳濡目染，无非念佛、念法、念僧，所以容易成就菩提，且能直至位阶不退。如此方便简易的法门，又有如此殊胜的果德，所以反而难以令人生信，故此净土法门又被视为"难信之法"。本品主旨即在于说明，弥陀净土念佛法门，决非小乘，而是大乘第一解脱之道，无疑是依法修行者增进信心的一剂强心针。故经文中反复强调"不生退屈谄伪之心"、"不应疑悔"云云，都是出于坚定信仰、增进信心，以广流通的目的。

　　佛告慈氏："汝观彼诸菩萨摩诃萨，善获利益。若有善男子、善女人，得闻阿弥陀佛名号，能生一念喜爱之心，归依瞻礼，如说修行，当知此人为得大利，当获如上所说功德。心无下劣①，亦不贡高②，成就善根，悉皆增上③。当知此人非是小乘，于我法中，得名第一弟子。

注释：

①心无下劣：不以自心为低下卑劣之意。这里可理解为不对自身善根缺乏自信。

②贡高：傲慢自大之意。这里可理解为不能坚定相信佛智圆满。

③增上：佛教习语。意指加强力量以使事物更形强大。

译文：

释迦牟尼佛告诉弥勒菩萨："你看这些十方世界的大菩萨，往生于西方极乐世界，可谓善巧获得念佛往生的真实利益。若有具足信愿行的善男子、善女人，得以听闻阿弥陀佛名号，便能生发出一念喜爱之心，皈依、礼敬阿弥陀佛，依佛所说如法修行，应当知道，这样的人是得了一念往生的大利，将获得如上所说的那些功德。他们心不自卑，也不骄慢自大，积累福德，成就善根，都不断增益。应当知道，这样的人决非小乘中人，在我的教法中，称得上第一等的弟子。

"是故告汝、天人、世间、阿修罗等①，应当爱乐修习，生希有心，于此经中，生导师想。欲令无量众生，速疾安住得不退转，及欲见彼广大庄严，摄受殊胜佛刹，圆满功德者，当起精进，听此法门。为求法故，不生退屈谄伪之心②，设入大火，不应疑悔。何以故？彼无量亿诸菩萨等，皆悉求此微妙法门，尊重听闻，不生违背。多有菩萨，欲闻此经而不能得。是故汝等，应求此法。"

注释:

①阿修罗:"六道"之一,意译为"非天"、"非同类",因其有天之福而无天之德,似天而非天。又译作"无端",因其容貌丑陋,国中男丑女美。为印度最古诸神之一,属于战神一类,性好斗,常与帝释天(因陀罗神)争斗不休,宫殿在须弥山北,大海之下。

②退屈谄伪:"退屈"指中途退缩、后悔之心。"谄伪"指谄曲奸佞,虚伪不实。

译文:

"因此之故,我告诉你们天人、阿修罗等参加法会的大众,应当喜欢乐于修习这个念佛成佛法门,并生稀有难得之心,将我现在所授的经典,视为出离苦海、一生平等成佛的导师。凡想让十方世界无量众生得以最快速度安住于决定不退转的果位,以及想要见到阿弥陀佛所摄受的广大、庄严、殊胜、微妙的极乐世界,想要圆满成就以上功德者,都应当发精进之心,顺从依持这念佛往生的净土法门。为求此正法,不应自生退转、畏缩、谄曲、虚妄之心,即使身入大火之中,也不应生起任何疑惑、后悔之心。为什么呢?因为那往生净土的无量亿的诸菩萨众,全都希求这个微妙的念佛法门,都能够对此法门尊重、依顺和听闻受持,不生违逆背犯之心。另外还有许多菩萨希望听闻此经,而无此因缘难遂其愿。所以,你们这些有缘大众,应当努力追求这念佛往生净土的无上法门。"

受菩提记第四十四

　　本品主题在于指出，任何以坚定不退信愿，奉行、演说本经之人，都将普授成佛之记，也即将来一定成佛。本品起首即普劝众生，应当欢喜、信受此一法门，摄取、受持此一法门，并广向他人宣说，使他人也能以欢喜之心修习此一念佛往生法门。一切善男子、善女人，如果能够对此一念佛往生法门，不管是过去已求得，或是现在正在求，抑或来日将要求得，都可以获得往生净土的殊胜利益。而如果不能听闻阿弥陀净土法门，就有在修行无上正等正觉佛智的道路上，退失无上菩提心行的可能。因此，众生皆当书写、供养、受持、读诵本经，演说、劝令他人听闻本经，从而得到将来决定觉悟成佛的预记。

　　"若于来世，乃至正法灭时[①]，当有众生，植诸善本，已曾供养无量诸佛，由彼如来加威力故，能得如是广大法门。摄取受持，当获广大一切智智[②]。于彼法中，广大胜解[③]，获大欢喜，广为他说，常乐修行。诸善男子，及善女人，能于是法，若已求、现求、当求者，皆获善利。汝等应当安住无疑，种诸善本，应常修习，使无疑滞，不入一切种类珍宝成就牢狱[④]。

注释:

①正法:有两层含义:一指真正之法,亦即佛陀所说之法,又作"白法"、"净法",或称"妙法"。二指三时(正法、像法、末法)之一。佛陀入灭后,教法住世,依之修行即能证得正果,所以称为"正法"。本经这里指后者。所谓"三时"是指将释迦牟尼佛寂灭之后的佛法住世的时期划分为正法、像法及末法三个时期。如果将历代佛法的施行,分为教(教义)、行(实践)、证(开悟)三方面来衡量,则正法时期即指教、行、证具现的时期。像法时期是虽无得证者,但仍存教、行的时期。至于末法时期则是仅存教法而缺乏行、证的佛教衰微期。经过这三个时期之后,即进入教、行、证均无的法灭时代。

②一切智智:为佛智的异名。意为一切智中最殊胜者,即佛陀自证的究竟圆满、尽知一切的真实智慧。

③广大胜解:意指广泛、彻底地理解。

④一切种类珍宝成就牢狱:泛指诸天、二乘、懈慢国、边地疑城等极尽世俗之乐但不能彻底解脱的种种境界。"珍宝"喻指其中之乐,"牢狱"喻指未得究竟解脱而不自在。

译文:

"如果在将来之世,乃至到佛陀正法衰落后的像法、末法时代,应当有众生培植福德善本,宿世已曾供养过无量诸佛,由于佛如来的威神之力的加持,使他们能够修得如我当前所说的这个广大念佛法门。如能欢喜、信受此一法门,摄取、受持此一法门,即可获得究竟圆满真实智慧。对于此一法门有殊胜根本的理解,生大欢喜,以此广向他人宣说,使他人也能以欢喜之心修习此一法门。一切善男子、善女人,如果能够对此一念佛往生法门,不管是过去已求得,或是现在正在求,抑或来日将要求得,都可以获得往生净土的殊胜利益。你们应当对此法门坚信不疑,积功累德;应当时常修习,使心中没有疑惑、滞碍,不堕入于一切种类的由种种珍宝修砌而成的牢狱。

"阿逸多! 如是等类大威德者,能生佛法广大异门[1],由于此法不听闻故,有一亿菩萨,退转阿耨多罗三藐三菩提。若有众生,于此经典,书写、供养、受持、读诵,于须臾顷为他演说,劝令听闻,不生忧恼,乃至昼夜思惟彼刹,及佛功德,于无上道,终不退转。彼人临终,假使三千大千世界满中大火[2],亦能超过[3],生彼国土。是人已曾值过去佛[4],受菩提记,一切如来,同所称赞。是故应当专心信受、持诵、说行。"

注释:

①广大异门:泛指弥陀净土法门以外的一切大乘法门。

②三千大千世界满中大火:即指坏劫"三灾"之一的"劫火"。佛教认为,现实世界要经历成、住、坏、空四劫,在坏劫之末,会起火灾、水灾、风灾,当火灾发生时,七日并出,山崩地裂,海枯石烂,大火从地狱烧到色界的初禅天,初禅天以下世界都将化为灰烬。

③超过:即超越解脱。

④值：遇到。

译文：

"弥勒！如上所述的所有净土法门之外的菩萨们虽能开显佛法中的种种大乘法门，但由于未能听闻此阿弥陀净土法门的缘故，有一亿个这样的菩萨在修行无上正等正觉佛智的道路上，退失了无上菩提的心行。倘若有人对于我今宣说的经典，能书写、供养、受持、读诵，哪怕仅用片刻的时间为他人演说，劝令他人听闻此经，不生忧愁烦恼，乃至于不分昼夜地思惟、想念西方极乐世界，以及阿弥陀佛的功德的，这样的人在修成无上佛道的道路上决定不会退转。这些人在临终之时，即使三千大千世界中到处都是劫火灾难，他们也能出离三界，往生西方极乐世界。因为这些人在过去世的过去佛那里，领受过将来决定觉悟成佛的预记，并得到一切诸佛如来的称赞。因此之故，你们应当专心信受、持诵、宣说、奉行此经。"

独留此经第四十五

本品特为避免佛陀灭度之后，众生重新生出疑惑而宣说。本品认为，在将来世中，经道都将灭尽。释迦牟尼佛以慈悲哀悯之心，特留本经在世流通一百年。如有众生得遇此一经典，愿意依教奉行，发愿求生极乐净土，就都可得到度脱。佛示现于此一世间，可谓千载难逢，难得一遇。佛所宣说的经法，亦是千载难逢，难得听闻。而能遇到正知正见的善知识的正确引导，同样殊为难得。由此可见，佛、法、僧三宝之于净土信仰的极端重要性。而佛陀灭度之后"独留此经"，亦愈发凸显本经的无与伦比，以及本经所宣示的念佛往生法门的究竟方便和不可思议之殊胜。

"吾今为诸众生说此经法，令见无量寿佛，及其国土一切所有。所当为者，皆可求之，无得以我灭度之后①，复生疑惑。

注释：

①灭度：音译为"涅槃"，意译为"圆寂"，即灭除烦恼，度脱生死。

译文:

"我今日为一切众生宣说此一经法,就是希望能使一切众生能够见到阿弥陀佛,以及西方极乐世界的种种殊胜庄严。你们所应当做的,都可随顺此一经法一一求得,不要等到我灭度之后,重新生出疑惑。

"当来之世①,经道灭尽,我以慈悲哀愍,特留此经止住百岁。其有众生,值斯经者,随意所愿,皆可得度。如来兴世,难值难见。诸佛经道,难得难闻。遇善知识②,闻法能行,此亦为难。若闻斯经,信乐受持,难中之难,无过此难。若有众生得闻佛声③,慈心清净,踊跃欢喜,衣毛为起④,或泪出者,皆由前世曾作佛道,故非凡人。若闻佛号,心中狐疑,于佛经语,都无所信,皆从恶道中来,宿殃未尽,未当度脱,故心狐疑,不信向耳。"

注释:

①当来之世:这里指释迦牟尼佛示现灭度之后的正法、像法、末法三个时期之后的教、行、证均无的法灭时代,所以本品下文接着讲"经道灭尽"。

②善知识:又作"知识"、"善友"、"亲友"、"胜友"、"善亲友",音译作"迦罗蜜"。指正直而有德行,能教导正道之人。反之,教导邪道之人,称为"恶知识"。据智顗《摩诃止观》卷四载,善知识有三种,即:(一)外护,指从外护育,使能安稳修道。(二)同行,指行动与共,相互策励。(三)教授,指善巧说法。而

《华严经》卷三十六"离世间品"则更有十种善知识之说。

③佛声：这里当指称念阿弥陀佛名号的声音。

④衣毛为起：指遍体毛孔开张，汗毛竖立。

译文：

"在将来世中，经道都将灭尽，我以慈悲哀悯之心，特留此经在世流通一百年。如有众生得遇此一经典，愿意依教奉行，发愿求生极乐净土，都可得到度脱。佛示现于此一世间，可谓千载难逢，难得一遇。佛所宣说的经法，同样千载难逢，难得听闻。能遇到正知正见的善知识的正确引导，闻法之后又能依教奉行，也是殊为难得。如果能听到这部经，并真正相信，欢喜受持，那更是难中之难，没有比这更难得的了。倘若有众生听到阿弥陀佛的名号，能生起慈悲之心、清净之心，同时内心踊跃欢喜，甚而遍体汗毛竖立，乃至感动落泪，这些众生都是在前世曾经依佛道进行修行的人，所以都是非凡之人。如果听到阿弥陀佛的名号，心中生起狐疑，对佛经上的话都不相信，则这些人都应是从三途恶道中来，过去的殃灾习气还未了尽，不应该得到度脱，所以他们心存狐疑，不相信念佛往生不退成佛的真实法门。"

勤修坚持第四十六

　　本品承接上一品,反复叮咛、殷勤付嘱与会众生,务必全力守护本经,依教奉行,为人演说本经,广利众生——使世间一切有情众生脱离苦海,免遭六道辗转轮回,同时要精勤修行,坚定不移地受持此经,不可使他毁坏损失,不可妄自增添削减本经所教法门。对于此一经典,应当时时诵念,无有间断,等等。总之,如来佛法尽在本经之中,众生应当随顺佛陀教诲,追从如来所行,行解相资,修善种福,一念专求往生西方极乐世界。

　　佛告弥勒:"诸佛如来无上之法①,十力无畏②,无碍无著,甚深之法,及波罗蜜等菩萨之法,非易可遇。能说法人,亦难开示。坚固深信,时亦难遭。我今如理宣说如是广大微妙法门,一切诸佛之所称赞。付嘱汝等,作大守护。为诸有情长夜利益③,莫令众生沦堕五趣,备受危苦。应勤修行,随顺我教。当孝于佛,常念师恩。当令是法,久住不灭。当坚持之,无得毁失。无得为妄,增减经法。常念不绝④,则得道捷⑤。我法如是,作如是说。如来所行,亦应随行。种修福善,求生净刹。"

注释：

①无上之法：即究竟涅槃之法。如《大智度论》卷五十五云："如阿毗昙中说，有上法者，一切有为法，及虚空非智缘尽。无上法者，智缘尽所得涅槃，是故知无法胜涅槃者。"

②十力无畏：详参本经第十七"泉池功德"品之"十力无畏"注释。

③长夜：比喻轮回六道生死苦海。也即下文"沦堕五趣，备受危苦"之意。

④常念不绝：有两层含义，首先是指常念本经，如本经"往生正因"品所谓"闻此经典，受持读诵，书写供养，昼夜相续，求生彼刹。""受菩提记"品亦有"于此经典，书写、供养、受持、读诵"等，皆是这一层含义。另一层含义则是称念"南无阿弥陀佛"名号不绝，这也是本经的最终落脚点。

⑤道捷：即修道成道的捷径。净土信仰以持名念佛之法为弥陀大愿之本，认为最易下手，最易成就，所以称为"易行法"。

译文：

释迦牟尼佛对弥勒菩萨说："诸佛如来的无上涅槃大法及十力、四无所畏，自在通达，无所执着，义理深奥，还有菩萨的六波罗蜜等超出世间之法，皆是难逢难遇的大法。虽有善能说法之人，于此超情离见、不可思议之甚深法门，亦难于用语言文字而为开示。坚心深信这念佛往生的难信之法的人，在当今也是难逢难遇。我现在契合义理而宣说这广大微妙的净土法门，为十方世界一切诸佛所交口称赞。我今日将此法门付嘱给你们，你们要当全力守护本经,依教奉行,为人演说,广利众生。为了让世间一切有情众生能获得脱离长夜黑暗苦海的利益,为了不让众生沉沦堕入六道轮回,遭受艰辛苦难的煎熬,你们应精勤修行,受持、读诵、为人演说,随顺我的教法。应当孝敬佛法,时刻铭记导师的恩德。应当让这净土法门久住世间而不湮灭。应当坚定不移地受持此经,不可使它毁坏损失。同时,不可妄自增添削减我的经教法门。对于此一经典,应当时时诵念,无有间断,果能如此,便是得到了成佛捷径。我的法门即是如此,我也是如实地讲说给你们。如来所行之道,你们也应随之而行。修善种福,一念专求往生西方极乐世界。"

福慧始闻第四十七

　　本品以偈颂的形式,对经文主旨进行了总结。偈颂为七言,共八首,可分为三层意思。即(一)坚心受持本经之人,决定往生西方极乐世界;(二)慨叹佛法难闻难见,佛智难明,佛果难知,听闻净土法门而能信乐受持,更是难中之难,由此点出他力解脱的念佛法门的必要性;(三)念佛法门为往生极乐净土的唯一津梁,不但自己信受本经,称念佛号,而得度脱生死,往生极乐,更当以大乘慈悲普度精神,广泛弘扬本经,劝人念佛,出离生死,如此方是真正的"真善友",也即同于如来的善知识。

　　尔时世尊而说颂曰:
　　　　若不往昔修福慧,于此正法不能闻。
　　　　已曾供养诸如来,则能欢喜信此事。
　　　　恶骄懈怠及邪见,难信如来微妙法。
　　　　譬如盲人恒处暗,不能开导于他路。
　　　　唯曾于佛植众善,救世之行方能修。
　　　　闻已受持及书写,读诵赞演并供养。
　　　　如是一心求净方,决定往生极乐国。
　　　　假使大火满三千,乘佛威德悉能超。
　　　　如来深广智慧海,唯佛与佛乃能知。
　　　　声闻亿劫思佛智,尽其神力莫能测。

如来功德佛自知，唯有世尊能开示。
　　人身难得佛难值，信慧闻法难中难。
　　若诸有情当作佛，行超普贤登彼岸。
　　是故博闻诸智士，应信我教如实言。
　　如是妙法幸听闻，应常念佛而生喜。
　　受持广度生死流①，佛说此人真善友②。

注释：

①生死流：指沉沦于六道轮回、生死苦海的一切众生。

②善友：即"善知识"。详参本经第四十五"独留此经"品"善知识"注释。

译文：

于是，世尊宣说了这样的偈颂：

　　若不往昔修福慧，于此正法不能闻。
　　已曾供养诸如来，则能欢喜信此事。
　　恶骄懈怠及邪见，难信如来微妙法。
　　譬如盲人恒处暗，不能开导于他路。
　　唯曾于佛植众善，救世之行方能修。
　　闻已受持及书写，读诵赞演并供养。
　　如是一心求净方，决定往生极乐国。
　　假使大火满三千，乘佛威德悉能超。
　　如来深广智慧海，唯佛与佛乃能知。
　　声闻亿劫思佛智，尽其神力莫能测。

如来功德佛自知，唯有世尊能开示。

人身难得佛难值，信慧闻法难中难。

若诸有情当作佛，行超普贤登彼岸。

是故博闻诸智士，应信我教如实言。

如是妙法幸听闻，应常念佛而生喜。

受持广度生死流，佛说此人真善友。

闻经获益第四十八

本品为全经最后一品,如同进入最后高潮的大团圆结尾,本品极力宣说列举闻听释迦牟尼佛说法之后,与会大众所获得的种种真实利益,以及三千大千世界所现出的种种神奇瑞相。与会大众,莫不欢欣喜悦,法喜充满,信受乐行本经所示的弥陀净土法门。

尔时世尊说此经法,天人世间有万二千那由他亿众生,远离尘垢,得法眼净①;二十亿众生,得阿那含果;六千八百比丘,诸漏已尽,心得解脱;四十亿菩萨,于无上菩提住不退转,以弘誓功德而自庄严;二十五亿众生,得不退忍②;四万亿那由他百千众生,于无上菩提未曾发意,今始初发,种诸善根,愿生极乐,见阿弥陀佛。皆当往生彼如来土,各于异方次第成佛③,同名妙音如来。

注释:

①法眼净:又作"净法眼"、"清净法眼"。指具有观见真理等诸法而无障碍、疑惑之眼。吉藏《维摩经略疏》卷四认为,小乘于初果见四圣谛之理,大乘于初地得"真无生法",均称为"法眼净"。

②不退忍:念念皆无退转,相当于"三不退"中的"念不退"。
详参本经第四十二"菩萨往生"品的"不退"注释。

③异方:指十方世界。

译文:

在释迦牟尼佛宣说这一经法的时候,天界和世间有一万二千那由他亿众生得以远离尘世垢土,获得了见知四真谛的法眼净;有二十亿众生证得阿那含果位;六千八百名比丘永脱三界,心开意解,证得阿罗汉果位;四十亿菩萨在修行无上菩提的道路上得阿惟越致不退转果位,他们以四十八大誓愿利益众生的功德来庄严自己;二十五亿众生获得了念念皆无退转的"不退转忍"果位;有四万亿那由他百千众生,原先并未发心成就无上佛果,听佛说此法门之后,才开始发心念佛往生之道,由此广行善事,积功累德,培植善根,发愿往生西方极乐净土,亲见阿弥陀佛。他们也将全部往生阿弥陀佛的极乐净土,将来各自在十方世界,陆续成佛,都被称为"妙音如来"。

复有十方佛刹若现在生,及未来生,见阿弥陀佛者,各有八万俱胝那由他人,得授记法忍,成无上菩提。彼诸有情,皆是阿弥陀佛宿愿因缘,俱得往生极乐世界。

译文:

又有许许多多十方佛土中或是现在往生或是未来往生西

方极乐世界以见阿弥陀佛陀佛的众生，每个佛国各有八万俱胝那由他的众生，蒙佛授记，得无生法忍，终将证得无上菩提之道。那些有情众生，全都因为阿弥陀佛在宿世中所立大愿功德的缘故，一定得以往生到极乐世界。

尔时三千大千世界六种震动^①，并现种种希有神变，放大光明，普照十方。复有诸天，于虚空中，作妙音乐，出随喜声。乃至色界诸天，悉皆得闻，叹未曾有。无量妙花纷纷而降。尊者阿难、弥勒菩萨、及诸菩萨声闻、天龙八部、一切大众，闻佛所说，皆大欢喜，信受奉行。

注释：
①六种震动：详参本经第七"必成正觉"品相关注释。

译文：
这时，三千大千世界出现六种震动，并出现种种稀有难逢的神奇变化，放出盛大光明，普照十方世界。又有诸天天人在虚空中演奏美妙绝伦的音乐，发出随喜赞叹的声音。甚至色界诸天的天人也全都得到，赞叹这是前所未有的奇迹。无量无计的妙花此时纷纷而降。阿难长老、弥勒菩萨以及参加法会的诸菩萨、声闻、天龙八部等一切大众，听闻佛所说经法之后，莫不欢喜，并且真正地相信、接受，切实地依照本经的教诲修行。

延伸阅读书目

佛教经典：

《无量清净平等觉经》，后汉支娄迦谶译，《大正藏》第 12 册

《佛说无量寿经》，曹魏康僧铠译，《大正藏》第 12 册

《阿弥陀三耶三佛萨楼佛檀过度人道经》，吴支谦译，《大正藏》第 12 册

《无量寿如来会》，唐菩提流志译，《大正藏》第 11 册

《大乘无量寿庄严经》，北宋法贤译，《大正藏》第 12 册

相关译释：

黄念祖居士《佛说大乘无量寿庄严清净平等觉经解》，台北自印，1993 年

净空法师《大乘无量寿经简注易解》，南京古鸡鸣寺印，2004 年

文军《白话无量寿经》，三秦出版社，1998 年

李淼等主编《宝积经·胜鬘经·无量寿经·心经》，时代文艺出版社，2001 年

研究专著：

陈扬炯《中国净土宗通史》，江苏古籍出版社，2002 年

望月信亨《中国净土教理史》，中国佛教文化研究所印，印行时间未详

肯尼斯·田中《中国净土思想的黎明》，上海古籍出版社，

2008 年

刘长东《晋唐弥陀净土信仰研究》,巴蜀书社,2000 年

中国佛教协会编《中国佛教》第三辑,东方出版中心,1989 年

吴信如《净土奥义》,中国藏学出版社 2004 年

魏磊《净土宗教程》,宗教文化出版社,1998 年

英武、正信《净土宗大意》,巴蜀书社,2004 年

印顺法师《初期大乘佛教之起源与开展》,台湾正闻出版社,1994 年

印顺法师《净土新论》,台湾正闻出版社,2000 年

觉醒《佛教净土观》,宗教文化出版社,2003 年

坪井俊映《净土三经概说》,载张曼涛主编:《净土典籍研究》(《现代佛教学术丛刊》第 68 册),台湾大乘文化出版社,1979 年

学术论文:

方立天《弥陀净土理念:净土宗与其他重要宗派终极信仰的共同基础》,载自《学术月刊》,2004 年第 11 期

姚长寿《净土三经与净土五经》,载自《佛教文化》,1990 年第 2 期

香川孝雄《〈无量清净平等觉经〉汉译考》,载自《佛教文化》,1990 年第 2 期

魏磊《净宗第一经》,载自《佛教文化》,1995 年第 2 期

专业词典:

丁福保编《佛学大词典》,上海书店,1991年

《中华佛教百科全书》,中华佛教百科文献基金会(台北),1994年

《佛光大辞典》,佛光出版社,1989年